BON JOÜR

LE GUIDE DE LA RENTRÉE en 6e

GÉNÉPI ÉDITIONS

BONJOÜR x

AIX les bains
LA MAIRIE PARTENAIRE

Chères futures collégiennes, chers futurs collégiens,

Le moment tant attendu de la rentrée au collège se présente à toi ! C'est une nouvelle approche de ton parcours scolaire qui s'engage avec en perspective de nouvelles découvertes et surtout une autonomie à appréhender.

BONJOÜR est le livre que la Mairie d'Aix-les-Bains t'offre à l'occasion de ta rentrée en 6ème conçu avec des collégiens, qui comme toi, ont découvert un fonctionnement différent de celui rencontré jusqu'alors à l'école.

Il t'apportera de précieux conseils pour évoluer avec confiance dans ce nouvel environnement et t'accompagner dans les nouveaux apprentissages qui t'attendent.

N'oublie pas que le plus important est toujours d'adresser un BONJOÜR à ceux qui partagent ta journée.

Je te souhaite un bel été et à l'avance une bonne rentrée au collège.

Ton Maire,
Renaud BERETTI
Vice-président du Conseil départemental de la Savoie

Aix les bains
LA MAIRIE PARTENAIRE

HISTOIRE

IL ÉTAIT UNE FOIS AIX-LES-BAINS

Aix-les-Bains bénéficie d'un patrimoine aussi varié que particulier. Il est principalement lié au thermalisme, fil conducteur qui relie les différentes étapes de l'évolution historique et architecturale de la ville, de l'Antiquité à nos jours. De manière exceptionnelle, les thermes historiques conservent des témoignages des différentes époques de notre épopée thermale.

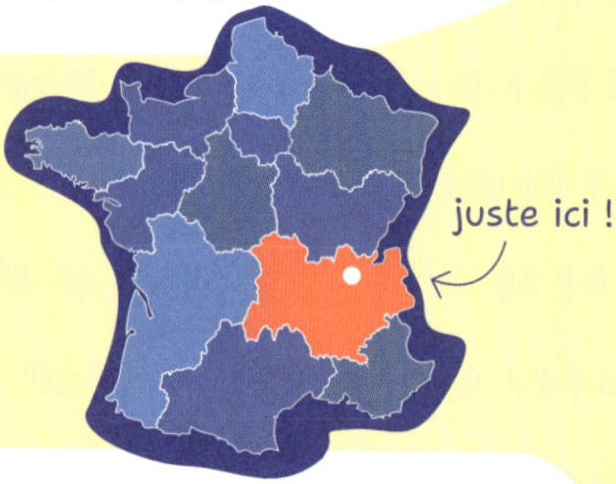

DEUX PÉRIODES HISTORIQUES

bien représentées

L'ÉPOQUE GALLO-ROMAINE

On lui doit, entre autres, les vestiges thermaux, le Temple de Diane et l'Arc de Campanus.

LE XIXE ET LE DÉBUT DU XXE :

Aix-les-Bains devient une prestigieuse cité de villégiature où se côtoient les célébrités de l'époque. Pour cette clientèle exigeante, « La station des reines et la reine des stations » se dote d'hôtels et palaces, d'un casino, d'un théâtre, de villas... rivalisant dans la qualité et le faste des constructions où dominent l'éclectisme et l'Art nouveau et l'Art déco emblématiques de la ville.

UN ENVIRONNEMENT UNIQUE !

Notre ville a la chance d'être très marquée par l'eau. Thermale bien sûr. Mais aussi l'eau du majestueux lac du Bourget, l'eau de trois rivières et l'eau minérale issue de sources. Gâtée par la nature, Aix-les-Bains l'est aussi parce qu'elle dispose d'un ensemble d'espaces verts et fleuris remarquables : parc thermal, jardins vagabond et japonais, bois Vidal...

Sans parler des montagnes que l'on peut admirer à proximité. Pas étonnant que cet environnement ait séduit de nombreux écrivains : Balzac, Dumas, Maupassant, Solms, Stendhal, Verlaine... Et Lamartine, dont il faut absolument lire le poème Le Lac.

PLUS D'INFOS

Office de tourisme intercommunal
Aix-les-Bains Riviera des Alpes
04 79 88 68 00
accueil@aixlesbains-rivieradesalpes.com

AIX-LES-BAINS

AUJOURD'HUI

32 401 HABITANTS
(2023)

1ÈRE STATION THERMALE D'AUVERGNE RHÔNE-ALPES

60 000 ARBRES

1

LOISIRS :

- ☐ 320 associations
- ☐ 1 centre aquatique et des plages
- ☐ 2 cinémas
  (1 Art et essai et 1 multiplexe)
- ☐ 2 casinos
- ☐ 1 bowling

coche tes activités !

PLUS D'INFOS
www.aixlesbains.fr

2

CULTURE :

- ☐ **1 musée** (Faure)
- ☐ **1 bibliothèque** (Lamartine)
- ☐ **1 maison des arts et de la jeunesse**
- ☐ **1 conservatoire de musique et d'art dramatique**
- ☐ **1 centre culturel et des congrès** (André Grosjean)
- ☐ **1 théâtre** (au Casino Grand Cercle)
- ☐ **1 grand festival**
  (Musilac en juillet, 100 000 spectateurs)
- ☐ **Plusieurs festivals artistiques**

3

SPORT :

- ☐ **70 clubs**
- ☐ **10 000 licenciés**
- ☐ **2 stades de football**
- ☐ **1 stade de rugby**
- ☐ **2 pistes d'athlétisme**
- ☐ **1 halle des sports**
- ☐ **4 plateaux sportifs**
- ☐ **1 boulodrome**
- ☐ **6 gymnases**
- ☐ **7 terrains multisports**
- ☐ **1 hippodrome**
- ☐ **2 aires de fitness connectées**
- ☐ **1 golf**
- ☐ **Courts de tennis, paddle et pickleball**

CONSEIL MUNICIPAL

POUR S'OCCUPER DE LA VILLE

ÉLÉCTION

Le Conseil municipal est élu lors de l'élection municipale (mode de scrutin de liste). C'est ainsi que, suivant le nombre de voix obtenues par l'ensemble des listes en présence, chacune d'entre elles obtient un certain nombre de représentants au Conseil municipal.

Le plus grand nombre de sièges est attribué à la liste qui a remporté les élections. C'est pourquoi, un membre de ce groupe est naturellement élu maire, suite à un vote qui se déroule lors de la première réunion du Conseil suivant les élections.

LE RÔLE DU CONSEIL

Sa mission consiste à assurer le bon fonctionnement de la mairie.

Pour faciliter son travail, il s'appuie sur des commissions spécialisées constituées d'adjoints, de conseillers délégués et de conseillers municipaux, qui se réunissent régulièrement pour étudier les questions soumises au Conseil municipal.

Tous les deux à trois mois, ce dernier se réunit en séance publique sous la présidence du maire.

À cette occasion, les dossiers inscrits à l'ordre du jour sont présentés et approuvés (ou non) par les conseillers.

Sitôt approuvés, ils deviennent des décisions officielles qui sont ensuite mises en œuvre par les services municipaux.

SA COMPOSITION

Le Conseil municipal d'Aix-les-Bains est composé de 35 élus. Parmi eux figurent 10 adjoints au maire et 4 conseillers municipaux délégués qui possèdent chacun une responsabilité particulière.

CONSEIL MUNICIPAL DES ENFANTS DEPUIS 2019

Un Conseil municipal des enfants siège en binôme avec un renouvellement annuel.
Il est composé de 25 membres.

SPORT

TOUT POUR ÊTRE EN FORME

L'ÉCOLE MUNICIPALE DES SPORTS (EMS)

Pas toujours facile de choisir un sport quand on est jeune. Comment savoir ce qui va nous plaire et si l'on a des aptitudes pour telle discipline ?

C'est la raison pour laquelle la Mairie a créé l'EMS. Elle a vu passer des milliers d'enfants qui apprécient de découvrir différents sports de manière ludique.

Mini-EMS : pour les enfants de 3 et 4 ans, une mini école des sports est proposée.

Une séance hebdomadaire : Chaque classe d'âge bénéficie d'une séance par semaine après l'école. Au programme ? Gymnastique, athlétisme, sports collectifs, natation... Pour les CM1 et CM2, les séances prennent la forme de stages dans les clubs sportifs aixois.

En plus, une séance de plein air le mercredi : Accessible aux enfants de la petite section de maternelle jusqu'au CM2, elle leur permet de pratiquer le vélo, le roller, les jeux de piste, le ski et la luge d'hiver, la construction de cabanes...

LES CLUBS SPORTIFS

Dès votre plus jeune âge vous pouvez également vous initier et vous perfectionner à une grande variété de disciplines sportives au sein des nombreux clubs sportifs que compte la ville.

PLUS D'INFOS

Service municipal des sports
04 79 35 78 87
www.aixlesbains.fr

JEUNESSE

DES ACTIONS POUR FAVORISER SON ÉPANOUISSEMENT

LES ACCUEILS DE LOISIRS :

Ouverts le mercredi et durant les vacances scolaires, ils reçoivent les 3-17 ans qui y trouvent des activités ludiques et pédagogiques, sportives, culturelles et manuelles.

Il y en a un près de votre domicile car ils sont au nombre de six :

- ☐ **Centre-ville :** Croc'loisirs
- ☐ **Liberté :** Les Petites canailles
- ☐ **Franklin-Roosevelt :** Les Portes du soleil
- ☐ **Marlioz :** La Planète des mômes
- ☐ **Marlioz :** Accueil Ados
- ☐ **Bords du lac :** Les Bords du lac

L'ACCOMPAGNEMENT SCOLAIRE

Aux élèves qui en ont besoin sur les quartiers centre-ville, Liberté, Marlioz et Sierroz-Franklin, ce dispositif propose une à deux « séances » par semaine assurées par des bénévoles formés.

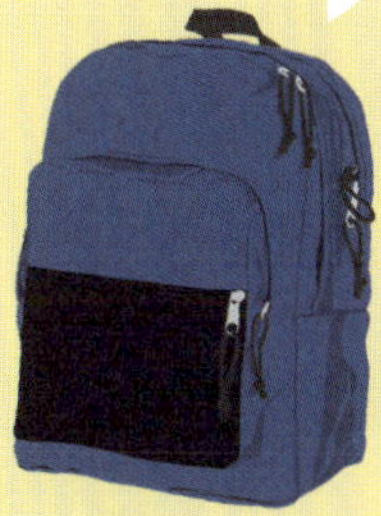

LA MAISON DES ARTS ET DE LA JEUNESSE

elle est incontournable !

- **La Maison des jeunes et de la culture :** ouverte les mercredis et durant les vacances scolaires, elle propose aux 6-17 ans une palette d'activités (ateliers d'arts, musique, théâtre, cinéma, sport...), des soirées, des sorties, des séjours et un accueil libre permettant aux jeunes de se poser, se ressourcer, jouer et partager après les cours.
- **Le Conservatoire municipal** de musique et d'art dramatique
- **Différentes associations** dédiées à la musique ou au théâtre
- **L'Espace public numérique :** pour accéder à des ordinateurs en libre-service et à des ateliers d'initiation et de perfectionnement à l'informatique.
- **Des expositions temporaires**
- **Le service jeunesse** de la Mairie
- **Le collectif Atout-Jeunes**

AIX les bains
LA MAIRIE PARTENAIRE

ATOUT-JEUNES

un super projet

atout-jeunes

Financé notamment par la mairie, il se décline en cinq projets :

LA CARTE

1

Accessible gratuitement aux 11-25 ans, elle leur fait bénéficier d'avantages (réductions...) chez 121 partenaires (associations culturelles et sportives, commerces de proximité...).

LA BOURSE

2

Il s'agit d'un soutien financier accordé à des jeunes pour des projets personnels ou à visée humanitaire, en contrepartie d'un retour d'expérience présenté auprès des jeunes du territoire.

LES ANIMATIONS

3

Elles prennent la forme de sorties familles, de séjours, de l'Urban Day (journée de découverte d'activités ludiques et citoyennes...).

LES CONFÉRENCES

4

Réalisées dans les collèges et lycées, elles sont destinées aux parents et traitent de sujets liés à la parentalité ainsi qu'à la vie et la santé des jeunes.

LA FORMATION

5

Organisation de stages Brevet d'aptitude aux fonctions d'animateur avec prise en charge de 50 % des frais et formation des professionnels de l'animation.

Chantiers jeunes

Ils permettent d'occuper son premier job d'été dès l'année de ses 16 ans et de réaliser des missions d'intérêt public : travaux de peintures auprès des bailleurs sociaux, nettoyage des algues dans les ports…

La carte Okay Savoie

Avec le département, chaque année 100€ pour financer tes activités sportives et culturelles auprès des membres partenaires !

https://okay-savoir.fr

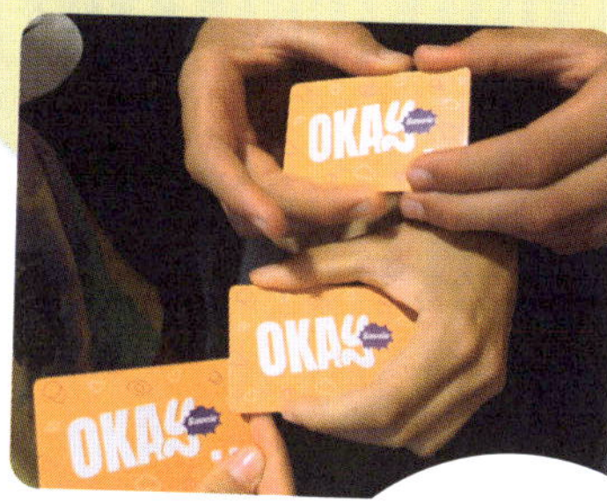

LA MISSION LOCALE jeunes

Mission Locale
SAVOIE - GRAND LAC
Aix-les-Bains - Lac du Bourget - Albanais - Chautagne

Vous avez entre 16 et 25 ans et vous recherchez un emploi ou une formation ou encore des réponses à des questions touchant votre quotidien (orientation, logement, santé, accès aux droits…), frappez à la porte de cette structure.

OÙ ET QUAND ?

17, rue Davat
04 79 61 54 59

Ouverte du lundi au vendredi de 8 h 30 à 12 h (sauf le jeudi, de 10 h 45 à 12 h) et de 13 h 30 à 17 h (en dehors de ces horaires, il est possible de prendre rendez-vous avec un conseiller emploi).

Permanences délocalisées : Liberté, Marlioz et Sierroz.

RENDEZ-VOUS

Prise de rendez-vous en ligne : via le site internet de la mairie (aixlesbains.fr) pour un premier accueil.

PLUS D'INFOS

Service enfance-jeunesse de la mairie :
04 79 34 74 00 ou 04 79 34 74 03

LA MAIRIE PARTENAIRE

CULTURE ET PATRIMOINE

UNE OFFRE À CULTIVER SANS MODÉRATION

BIBLIOTHÈQUE MUNICIPALE LAMARTINE

Vous adorez lire des bandes dessinées ? Vous préférez les beaux livres jeunesse ? Vous dévorez les revues scientifiques dédiées aux enfants ?

Vous êtes sûr de trouver votre bonheur parmi les 52 000 livres, magazines et autres documents disponibles.

http://bm-aixlesbains.net

CONSERVATOIRE MUNICIPAL DE MUSIQUE ET D'ART DRAMATIQUE

Si vous voulez apprendre le chant, le violon ou le piano, jouer dans un orchestre ou être un comédien, c'est la bonne adresse.

Le conservatoire délivre des enseignements dans un grand nombre de disciplines, de l'initiation au haut niveau.

Il intervient aussi dans certains établissements scolaires et organise régulièrement des concerts et spectacles.

PLUS D'INFOS

Billeterie des spectacles

Pour aller au spectacle, passez par :

spectacles.aixlesbains-rivieradesalpes.com

DEVA, L'ÉCOLE DES MUSIQUES ACTUELLES

À Aix-les-Bains, le rock, les musiques du monde ou la chanson sont aussi à bonne école. DEVA forme une trentaine de groupes de différentes générations : adultes, adolescents ou enfants à partir de la fin de l'école élémentaire.

L'enseignement incite les élèves à composer leurs morceaux et à pratiquer en conditions réelles dans le cadre de concerts.

AIX M@ VILLE

Dans le cadre de sa labellisation Ville d'art et d'histoire, Aix-les-Bains propose aux écoles un projet permettant aux élèves de donner leur vision du patrimoine sous forme de montages sur tablettes numériques. Parmi les thèmes traités :

Aix m@ ville antique,
Aix m@ ville thermale,
Aix m@ Belle Époque.

MUSÉE FAURE

Jean Faure, amateur d'art du XIXe siècle, a rassemblé une collection exceptionnelle : sculptures d'Auguste Rodin, peintures et dessins d'artistes représentatifs de l'impressionnisme (Bonnard, Degas, Corot, Pissaro, Sisley) et témoignages des séjours du poète Lamartine à Aix-les-Bains.

Et il se passe toujours quelque chose au musée : expositions temporaires, concerts, Nuit au musée...

ET LÀ, JUSTE À CÔTÉ DE LA CANTINE,
LA SALLE OÙ ILS CACHENT LES RÉPONSES AUX CONTRÔLES.
ÉNORME !
EUH, RAPPELLE-MOI COMMENT TU AS DESSINÉ CE PLAN DÉJÀ ?
GRÂCE AUX INFOS DE MON GRAND FRÈRE, POURQUOI ?
ALLEZ, ON Y VA !
ENTRÉE COLLÈGE

BON JOÜR

PAR LES COLLÉGIENS, POUR LES COLLÉGIENS

Félicitations, tu entres au collège !

Tu as sûrement des questions à propos de cette nouvelle aventure, c'est normal. Nouveau lieu, nouveaux profs, nouveaux amis... Tu as beaucoup de choses à découvrir ! Pour t'aider, nous avons réalisé une mission de la plus haute importance : créer le guide qui répond à toutes tes questions sur le collège.

Tout d'abord, nous avons interrogé des centaines d'élèves de CM2 dans leurs écoles primaires. Ces jeunes élèves, comme toi, se posaient mille et une questions sur la vie de collégien.

Nous avons les questions, maintenant il nous faut les réponses...

Qui de mieux pour répondre à toutes ces interrogations que les collégiens eux-mêmes ? Nous avons donc posé toutes ces questions à des élèves de 4ᵉ et de 3ᵉ. Ils ont partagé avec nous leurs connaissances et donné leurs astuces. Ils nous ont vraiment livré tous leurs secrets : les profs, les voyages scolaires et plus encore. Mission réussie !

Une dernière question, pourquoi BONJOÜR ?

Pour que chaque jour soit un BONJOÜR. Parce que c'est le mot le plus important de la journée. Dire un petit BONJOÜR peut donner le sourire à un camarade qui n'a pas la patate. On compte sur toi.

Bonne rentrée en 6ᵉ !

CE GUIDE APPARTIENT À Noa Basset

dessine toi! :)

mon anniversaire

le 05/10/2013

là où j'habite

100 avenue de Marlioz
aix-les-bains, Savoie
France 73100

MA CLASSE

Je suis en CM2 à l'école primaire de Marlioz

MON COLLÈGE

J'irais au collège de Marlioz rejoindre mes amis!!!

FICHE D'URGENCE

LA PERSONNE À PRÉVENIR EN CAS DE SOUCIS : EMMANUELLE MALDERAT (Ma mère)

SON NUMÉRO : 06 66 44 75 16

MON GROUPE SANGUIN : AB+

MON MÉDECIN TRAITANT : MR. Durand

SON NUMÉRO :

MES ALLERGIES : au pollènes.

films préférés

artistes préférés

TOUS MES rèves

même les plus fous

Etre toujours en bonne santé, mourir le plus tard possible, etre invisible,

FAIRE DISPARAITRE TOUT MES SECRETS

matière préférée

Histoire

saison préférée

Prison Break

activité préférée

basket

MES OBJECTIFS DE L'ANNÉE

- ☐ réussir ma 6°
- ☐ me faire beaucoup de nouveaux amis
- ☐ de ne pas avoir des problèmes

musiques préférées

doudou - Koba lad
coffre plein - Koba lad
de temp en temp - Koba lad

NUMÉROS UTILES

SAMU : 15
POLICE : 17
SAPEURS POMPIERS : 18
NUMÉRO D'URGENCE EUROPÉEN : 112
NON AU HARCÈLEMENT : 30 18

SOMMAIRE

LE COLLÈGE

VIVRE ENSEMBLE

À taaaable !

ASTUCES DU QUOTIDIEN

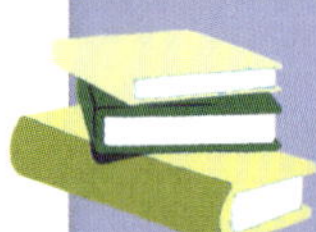

GRANDIR EN BONNE SANTÉ

À vos marques, prêts, partez !

BIEN APPRENDRE

Pas de panique !

BON JOÜR

Avec le sourire

Pour découvrir toutes les astuces et anecdotes que des collégiens ont laissées pour toi, tourne les pages. En route pour la 6e !

C'EST PARTI !

À QUOI ÇA SERT L'ÉCOLE ?

"SANS L'ÉCOLE, JE N'AURAIS SANS DOUTE PAS FAIT GRAND CHOSE DE MA VIE"

Thomas Pesquet

Prêt à décoller ? Cher cosmonaute, tu pars pour une nouvelle aventure. L'école c'est comme ta fusée. Elle te permet de voler haut et d'aller loin dans tes rêves. Pas de panique, on t'accompagne dans ta mission spéciale. 3, 2, 1 ... Décollège !

LA FAQ des jeunes

Pourquoi je dois apprendre que Gutenberg a inventé l'imprimerie en 1454 ?

- Emma, 6e

À ton plus grand désespoir, la date ne te servira pas à grand-chose en dehors de l'école. Elle permet de comprendre le cours de l'Histoire mais on est d'accord, tu ne sauras pas réparer la photocopieuse de la maison...

Quand est-ce que vont me servir les tables de multiplication ?

- Youness, 5e

Tout le temps ! Tu n'y échapperas pas. Le calcul est utile tous les jours et quel que soit ton âge.

Par exemple pour faire les courses, connaître le prix d'un t-shirt en solde, calculer la durée d'un voyage.

donc on s'entraîne ! 8 x 7 = ... ?

À quoi ça me sert de savoir que la France et l'Allemagne ont une frontière en commun ? - *Simon, CM2*

En géo, tu décortiques le relief qui dessine notre belle planète. Si tu n'es pas obligé de retenir le nom de tous les lacs de France, c'est super utile que tu puisses te situer dans le monde si tu veux le comprendre !

le plus grand, c'est celui du Bourget

Sans géo, tu ne comprendras pas pourquoi il y a eu une rivalité entre la France et l'Allemagne durant l'Histoire.

Pourquoi on apprend des poésies alors que c'est plus à la mode ? - *Julie, 6e*

Une fois récitée, oui, tu peux oublier ta poésie. Par contre, en t'acharnant à essayer de l'imprimer dans ta tête, tu as appris... à apprendre !

Ton cerveau, c'est comme un muscle. Plus tu fais d'exercices difficiles et plus il devient fort !

Avec la poésie, tu boostes ta mémoire et pour l'entretenir tu vas encore apprendre plein de poèmes.

bien joué Baudelaire !

VALEURS CITOYENNES

AMITIÉ

TOLÉRANCE

SOLIDARITÉ

RESPECT

ET C'EST PAS TOUT !

Le collège, c'est comme un petit village dans lequel tu vas découvrir et entretenir des relations avec beaucoup de nouvelles personnes.

Que ce soit les autres collégiens, tes copains et copines, tes profs, les surveillants et même les cuisiniers : toutes ces relations vont te permettre de devenir un citoyen accompli !

Ces valeurs te seront essentielles aujourd'hui et te suivront toute ta vie.

LES PROFS

"ÇA FAIT BEAUCOUP LÀ NON ?"

Mister V

Cette année, tu ne dis plus "mon maître" ou "ma maîtresse" mais "mon prof". Habitue-toi à ce nouveau mot parce que tu vas l'utiliser plusieurs fois par jour. Autre nouveauté, tu auras un prof principal : en plus de ses cours, tu le verras aussi en heures de vie de classe pour parler de ce qui va et ne va pas dans la classe.

CHACUN SA MATIÈRE

Gros changement au collège, tu vas découvrir une multitude de profs et chacun enseigne une matière différente.

ça va pas la tête ?! On n'est pas à Poudlard

Tu auras un prof d'histoire-géo, une prof de maths, un prof de français, une prof de défense contre les forces du mal...

D'ailleurs si tu ne piges rien dans une matière, n'hésite pas à poser des questions, tes profs sont là pour te répondre. Tu es timide ? Ils seront très contents de te répondre à la fin du cours !

l'astuce du chef

8 PROFS DIFFÉRENTS = 8 PERSONNALITÉS DIFFÉRENTES

On ne va pas te mentir, tu vas en trouver certains très sympas et d'autres moins cools.

Au collège, tu changes de profs chaque année. Avec un peu de chance, tu seras débarrassé de ton prof de sciences tyrannique l'année prochaine! En attendant, suis ses cours sans te faire remarquer et profite des profs que tu aimes bien.

Certains profs sont aussi de vrais cœurs !

Mais du coup on doit changer de salle à chaque cours ? - *Titouan, CM2*

C'est une grosse nouveauté, tu vas pouvoir déambuler dans les couloirs! Chaque cours a lieu dans une salle différente! Même topo pour les profs, ils n'ont pas de salle attitrée: par exemple tu peux avoir histoire le lundi après-midi en 125B et le jeudi matin en 327C. On dirait plus des codes wi-fi que des noms de salles...

Ne t'inquiète pas, ta première journée de collège, c'est l'occasion pour ton prof principal de te faire visiter les lieux. Tu te rendras compte que c'est plus facile qu'il n'y paraît de se repérer.
Tu t'es perdu ? Pas de panique, c'est normal de ne pas tout maîtriser au début, retourne sur tes pas et cherche un panneau qui indique les salles.

Si tu es dans un collège privé, c'est possible que tu restes toujours dans la même salle et que tes profs viennent à toi.

PLUS DE PROFS = PLUS DE DEVOIRS

Promis, tu ne vas pas passer tes soirées le nez dans tes cahiers. Ce sont souvent des exercices assez courts. Pour les plus gros devoirs, tes profs s'arrangent pour te laisser du temps.

Ton agenda est ton ami ! Note tes devoirs dedans et jettes-y un coup d'œil régulier. Plein de profs, une même passion : ils vont tous te coller des interros...
Là encore, ils te préviennent en avance pour que tu aies le temps de t'organiser sans être écrasé par une tonne de travail.

"Au collège ce qui change c'est que quand un prof n'est pas là, tu dois attendre 10 minutes devant la salle et ensuite tu peux aller voir à la vie scolaire pour demander s'il est absent."

- Marius, 3e

LE PTIT CONSEIL

Chaque soir, tu auras des devoirs dans plusieurs matières différentes. Commence toujours par noter la matière dans ton agenda avant d'écrire la consigne !

défie au morpion une personne à coté de toi

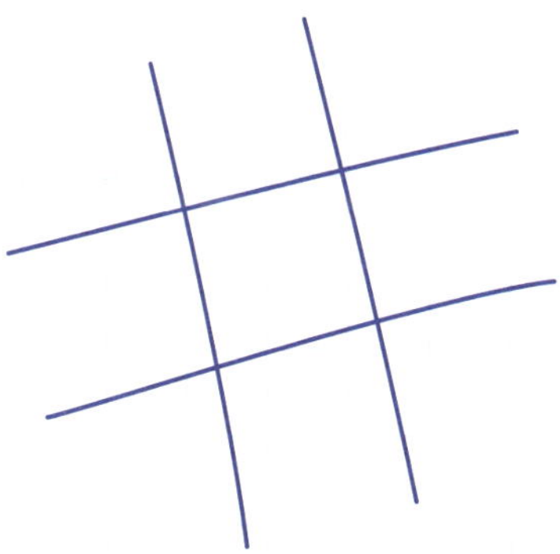

LES DÉLÉGUÉS DE CLASSE

"PARCE QUE C'EST NOTRE PROJEEEET !!!"

Emmanuel Macron

Pas sûr que huuurler ton slogan devant tes camarades et ton prof principal te fasse gagner les élections de délégué... Qui sait, avant de devenir président, Emmanuel Macron a peut-être été délégué de classe !

ILS FONT QUOI LES DÉLÉGUÉS ?

Ce sont deux élèves élus par leurs camarades en début d'année pour les représenter auprès des professeurs et de la direction du collège. C'est un peu comme les Présidents de la classe !

MOI, J'AIMERAIS BIEN ÊTRE DÉLÉGUÉ !

Réfléchis bien avant de devenir délégué car tu auras fort à faire pendant cette année scolaire !

La tâche de délégué est particulière dans ta nouvelle vie, elle fait de toi un élève responsable mais elle ne te dispense pas des obligations qui s'appliquent à ta classe.

Si tu veux être délégué, tu dois être capable de t'organiser et de faire preuve d'écoute pour comprendre et représenter tes camarades.

Il faut te présenter lors des élections en début d'année et convaincre tes camarades que tu es la personne idéale pour ce rôle.

LE P'TIT CONSEIL

Ils seront très sensibles à ta volonté de les défendre coûte que coûte pendant le conseil de classe. Alors bon courage pour les élections !

MOI, DÉLÉGUÉ…

J'ai gagnéé ! Et maintenant ? - *Tim, CM2*

Bravo, tu as remporté l'élection ! On fait le topo sur tes nouvelles missions, n'hésite pas à en discuter avec l'autre délégué, vous serez plus efficaces en travaillant en binôme.

ÉCOUTE TES CAMARADES

Tu dois être à l'écoute de tes camarades et prendre en compte leurs idées, leurs besoins et leurs problèmes. N'hésite pas à discuter régulièrement avec eux pour savoir s'il y a des tensions entre eux ou avec les profs.
Tu vas devoir te creuser la tête pour trouver une solution.
Ne t'inquiète pas, on n'a aucun doute, tu vas y arriver !

les profs sont aussi là pour t'aider

DIALOGUE AVEC LES PROFESSEURS ET LE PRINCIPAL :

Tu seras le porte-parole de ta classe. Il faudra donc discuter avec les professeurs et la direction pour partager les informations.

"J'avais trop envie de savoir comment étaient les profs en dehors de la classe ! En fait, ils sont plus cools que quand on est en cours."

- Juliette, 3e

PARTICIPE AUX CONSEILS DE CLASSE

Tu assisteras aux conseils de classe pour représenter les élèves. C'est à ce moment que les profs font le débrief du trimestre et de la classe, toi tu dois y jouer ton rôle de représentant !

Après chaque conseil, tu seras chargé de transmettre (de façon bienveillante) à tes camarades ce qui s'est vraiment dit et les avis qu'ont donnés les profs.

SECRET PROFESSIONNEL

Un grand pouvoir implique de grandes responsabilités !
Ton rôle de délégué repose aussi sur la confiance que chacun peut avoir en ta capacité à garder les informations secrètes.
Tu dois faire attention à ne pas divulguer les informations concernant un camarade.

Par exemple, après les conseils de classe, tu dois faire un compte-rendu uniquement à l'élève concerné. C'est beaucoup de travail mais grâce à ça tu auras une relation privilégiée avec chacun d'entre eux !

ET POUR TERMINER :
QUENTIN VOUDRAIT BIEN DU COCA À LA CANTINE.
ET VOILÀÀÀ ! LES RÉCLAMATIONS DE LA 6ÈME B, COMME DEMANDÉ !
VOUS AVEZ TOUT BIEN NOTÉ OU VOUS VOULEZ QUE JE RÉPÈTE ?

SAC À DOS

"ON NOUS OBLIGE À PORTER DES CARTABLES PLUS LOURDS QUE NOUS, C'EST POUR NOUS CLOUER AU SOL ET NOUS EMPÊCHER DE NOUS ENFUIR OU QUOI ?"

Mortelle Adèle

Au collège, tu vas avoir ton sac sur le dos matin midi et soir : c'est l'objet que tu utiliseras plus que n'importe quel autre ! Encore mieux si tu en trouves un qui ne te cloue pas au sol ! D'ailleurs ce sont les livres plutôt que le sac qui pèsent une tonne !

Quel sac je dois prendre pour ma rentrée au collège ?
- *Lucas, CM2*

Première chose : évite les sacs trop gros. Même si tu as envie d'emporter toute ta chambre, un sac trop lourd risque de te donner mal au dos. Il faut aussi qu'il soit solide, car entre les cours, les pauses et les voyages à la maison, ton sac va connaître des journées mouvementées !

Et si tu te demandes quel modèle choisir, le Eastpak est le chouchou de nombreux collégiens. C'est un classique qui a fait ses preuves en termes de solidité et de style !

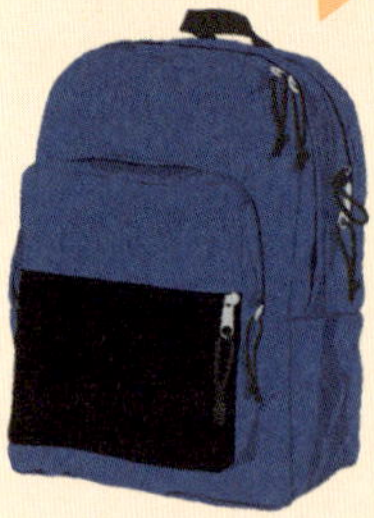

LES SACS À ÉVITER

- ☐ La sacoche
- ☐ Le sac sans compartiments
- ☐ Le cartable à roulette
- ☐ Le sac de couchage
- ☐ Le sac beaucoup trop gros
- ☐ Le sac avec un gros dessin de ton animé préféré
- ☐ Le sac pas assez solide pour porter tes 14 classeurs

dans 2 semaines tu en auras marre

LE PTIT CONSEIL

Pour le sport, prends un sac séparé. Sinon, tu risques de mélanger ton t-shirt transpirant avec tes beaux cahiers.

"Le meilleur conseil que je peux donner, c'est d'éviter de prendre un sac énorme pour la rentrée en 6e, parce que ça ne sert à rien d'avoir un sac que tu auras du mal à transporter tellement il est lourd."

- Maël, 3e

LA QUESTION DU SAC À MAIN

Tu vas le voir dès ton arrivée au collège, il y a deux teams : le sac à main et le sac dos ! (surtout pour les 4e et les 3e). Choisissez le sac avec lequel vous êtes le plus à l'aise, ce qui compte c'est qu'il te plaise à toi.

(et ne pas oublier quelque chose dans la précipitation)

"Je suis arrivée au collège avec le sac à dos classique, puis en 4e je voulais avoir l'air plus "grande" du coup mes parents m'ont passé un tote bag. J'aimais trop, mais au bout de 2 semaines mes classeurs l'ont troué, du coup j'ai eu droit à mon premier "vrai" sac à main."

- Rose, 3e

ON MET QUOI LÀ DEDANS ?

L'astuce, c'est de préparer ton sac tous les soirs pour gagner de précieuses minutes de sommeil le matin.

Jette un coup d'œil à ton emploi du temps et prends le matériel dont tu as besoin pour la journée du lendemain.

Il y a aussi des affaires qui passent leur temps dans ton sac : trousse, carnet de correspondance, agenda, carte de self, de bus, clés, ta raquette de ping-pong...tout ce dont tu as besoin chaque jour !

ET TOI ? T'EMMÈNES QUOI ?

- ☐ ....
- ☐ ....
- ☐ ....
- ☐ ....
- ☐ ....
- ☐ ....
- ☐ ....
- ☐ ....

LES TRANSPORTS

"RIEN NE SERT DE COURIR, IL FAUT PARTIR À POINT"

Jean de La Fontaine

Que tu sois une vraie tortue ou rapide comme un lièvre, il ne faut pas seulement partir à l'heure, il faut aussi choisir le bon moyen de transport ! Tu gagnes en autonomie et tu vas sûrement te rendre seul au collège. Ça peut être stressant la première fois mais pas de panique, on t'a préparé quelques astuces.

LE VÉLO, UNE AFFAIRE QUI ROULE !

L'avantage du vélo c'est que c'est écolo (et en plus ça rime), c'est plus rapide que tes pieds et pas de risque de louper ton bus.

Fini les soucis de transport, il suffit d'enfiler ton casque et de filer ! N'oublie pas d'attacher ton vélo.

Ü "Avant la 6e, mon père avait fait le trajet avec moi jusqu'au collège pour tout m'expliquer et que ce soit plus facile le jour de la rentrée"

- Lila, 3e

LE BUS ET LE MÉTRO, POUR LES CITADINS

Tu es déjà habitué à prendre les transports en commun avec tes parents donc tout roule... mais pour la première fois, tu fais le trajet seul ! Gloups.

Tu as sûrement un copain d'école qui prend le même métro que toi ? Faites le chemin ensemble !

Sinon, c'est l'occasion d'écouter ta meilleure playlist le temps du trajet.

c'est cadeau, voici nos sons préférés

Important : Pour prendre les transports en commun légalement, tu dois valider un titre de transport !

LE P'TIT CONSEIL

Fais attention à ne pas mettre en évidence ton téléphone ou tes écouteurs dernier cri.

LE CAR SCOLAIRE, POUR VOYAGER LOIN, TRÈS LOIN

C'est peut-être ta première fois tout seul dans les transports ? Comment ça marche ? Le secret c'est bien sûr d'être à l'heure à l'arrêt de bus.

Ensuite, c'est simple tu montes dans le bus en montrant ta carte de transport au conducteur. Tu as fait le plus dur !

Mince, tu l'as oubliée !? Pas de souci, c'est souvent le même conducteur qui s'occupe du trajet. S'il te reconnaît, il te laissera entrer et te rappellera gentiment de ne plus oublier ta carte.

Tu as bien dit "bonjour !" à chaque fois ?

LE COVOITURAGE, POUR LA PLANÈTE

Vos parents sont écolos et ça vous arrange bien : le trajet en voiture c'est quand même beaucoup plus rapide que le bus ! Vous faites une quasi-grasse mat' avant de rejoindre vos copains dans la voiture des voisins !

"L'ambiance du car est très cool, on est avec tous nos potes, on a une récré en plus avant et après les cours !"

- Florian, 3e

LE P'TIT CONSEIL

Une fois dans le car, une règle importante : les plus petits devant, les plus grands à l'arrière. Patience, ton tour viendra !

À PIED, POUR LES SPORTIFS DU MATIN

Tu as la chance d'habiter près du collège, alors profite à fond de pouvoir t'y rendre à pied.
Tu vas vite comprendre que c'est un luxe ! Tu te réveilles plus tard que les autres et tu as même le loisir de faire un peu d'exercice avant d'arriver en cours !

LE P'TIT CONSEIL

Tu peux même rentrer déjeuner chez toi le midi, parfois avec des copains. Tellement bien de pouvoir faire une pause !

ET TOI, T'Y VAS COMMENT ?

1 ....

....

....

....

....

2 ....

....

....

....

....

3 ....

....

....

....

....

4 ....

....

....

....

....

BON LES GARS
J'AI BIEN RÉFLÉCHI,
ET JE CROIS QUE JE COMMENCE À DOUTER DE NOTRE IDÉE DE COVOITURAGE EN TROTTINETTE POUR SAUVER LA PLANÈTE.
T... TRÈS BIEN... PRENONS LE BUS...
PAR PITIÉ...

LES 3^{E}

"CARTE CHANCE : AVANCEZ JUSQU'À LA CASE DÉPART !"

Monopoly

Ça y est, tu as fini l'école primaire mais au lieu d'avoir fini le jeu il faut recommencer un tour. En CM2, tu faisais partie des plus grands, mais au collège : retour à la case départ.

On est toujours le "petit" de quelqu'un

PREMIER CONTACT

Le jour de ta rentrée tu as droit à un petit tour de chauffe : toi et tes camarades de 6e avez le collège rien que pour vous le temps de prendre vos marques.

c'est grand hein ?

Mais le deuxième jour, les choses sérieuses commencent. Tu risques à chaque instant de tomber nez à nez avec un troisième. Dans ce cas, tu as trois options :

a - tu continues ton chemin l'air de rien

b - tu le laisses passer (technique de survie en cas de couloir étroit)

c - tu l'arrêtes pour lui dire que maintenant, c'est toi le boss ici

la troisième n'est pas la plus recommandée

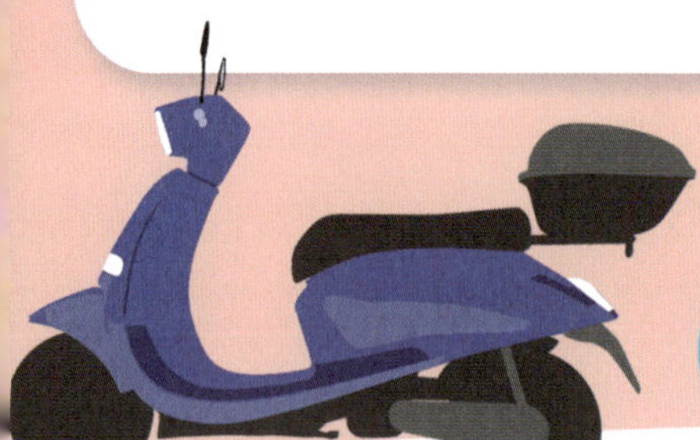

"Maintenant que je suis en 3e, je me rends compte qu'il n'y avait pas de raison d'avoir peur des grands du collège !"

- *Jules, 3e*

LA COUR DES GRANDS

Bref, tout le monde te le dit mais tu réalises enfin que cette année, tu es chez les grands. Et les plus grands ici, c'est les troisièmes. Ils ont enfin l'âge de conduire un scooter, ils semblent carrément matures...

Malgré toute la belle assurance dont tu sais faire preuve, difficile de ne pas être intimidé devant le charisme qu'ils imposent.

TOUT ROULE

Tout va bien se passer, les troisièmes ont d'autres chats à fouetter que de s'occuper des 6ᵉ, comme lorsque tu étais en CM2 avec les CP.

En fait, à part dans les couloirs et à la sortie, tu ne les vois quasi jamais. Et quand c'est le cas, tout va bien, continue de faire ce que tu fais sans t'occuper d'eux.

Si ça peut t'aider, dis toi qu'il n'y a pas si longtemps, eux aussi étaient en 6ᵉ. Ah oui et évidemment : l'année prochaine ils retourneront à la place de petit.

Pas de raison de stresser !

LES NOUVEAUTÉS

"PAS DE PANIQUE"

Harry Potter à Ron Weasley

Petit cadeau pour les curieux : une liste en vrac pour connaître le langage secret des collégiens. Tu vas voir c'est plus simple que tu ne le crois, alors pas de panique !

L'EMPLOI DU TEMPS

En y jetant un coup d'œil pour la première fois, tu trouves ça incompréhensible ? Au bout de deux semaines, tu le connais par cœur et tu n'as même plus besoin de le regarder pour savoir où tu dois aller !

Tu as cours dans des salles différentes chaque jour. Français en 208B puis Maths en 312C... Il va falloir apprendre à s'organiser !

LE PTIT CONSEIL

Accroche ton emploi du temps dans ta chambre pour ne pas oublier d'apporter ta blouse de chimie ou tes chaussures de sport.

On va où quand on n'a pas cours ? - *Guillaume, CM2*

Tu files en permanence, c'est un peu comme la récréation... sauf que tu es dans une salle de classe et tu n'as pas le droit de discuter. Donc ok, ce n'est pas tout à fait pareil ! À la place du prof, il y a un surveillant qui peut t'aider pour tes devoirs. Si tu n'as pas cours, tu dois y aller (obligé !) pour travailler, lire ou jouer au morpion. Profites-en pour faire tes devoirs, tu seras tranquille en rentrant chez toi !

Est-ce que je vais avoir des heures de colle ?

- *Adèle, CM2*

Au collège, quand tu fais une bêtise, pour te punir on te met dans une salle avec un travail à faire pendant une heure (plusieurs heures pour les grosses bêtises).

On te laisse imaginer la tête de tes parents quand ils apprendront que tu es "collé.

on ne te félicite pas ce coup-ci !

"Je ne suis pas du genre à faire beaucoup de bêtises au collège. J'ai eu une heure de colle en 5e. C'était pas si terrible : les surveillants te parlent normalement, c'est pas la prison quoi, juste mes parents n'étaient vraiment pas contents..."

- Gaspard, 3e

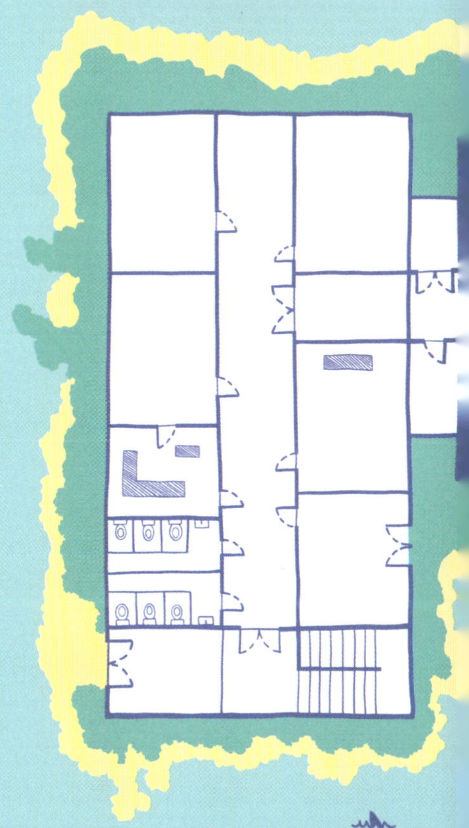

LA RÈGLE DES COLLES

Lorsque tu auras 3 croix (peut s'appeler aussi "observation", "remarque" selon les coutumes locales...) tu auras un avertissement. Au bout de 3 avertissements, tu auras une heure de colle.

En gros tu fais une bêtise, on le note dans ton carnet de correspondance et lorsqu'il déborde, tu finis en colle.

le mieux est de ne jamais en avoir !

PROFITER du CDI

LE FAMEUX CDI

Le Centre de Documentation et d'Information, plus connu sous le nom de CDI, est une bibliothèque à l'intérieur du collège.

Quelques conseils pour en profiter au mieux :

1

Si tu as envie de te poser un midi, tu vas sûrement y trouver quelques BD très chouettes.

2

Tu peux y emprunter les livres que tu veux, mais prends-en soin et rends-les à temps !

3

Propose des livres : il est parfois possible pour la documentaliste de commander des livres pour le CDI.

HARCÈLEMENT

"NE VOUS SOUCIEZ PAS DE CE QUE PENSENT LES AUTRES. GARDEZ LA TÊTE HAUTE ET PLONGEZ EN AVANT !"

Izuku Midoriya

Allez, on fait comme Izuku ! On se remplit à bloc de motivation pour aborder l'un des sujets les plus délicats mais que tu auras peut-être l'occasion de rencontrer pendant ton aventure au collège. Comme notre ninja préféré, tu as été témoin ou toi-même harcelé ? On t'explique comment faire pour ne pas te laisser abattre et poursuivre tes rêves !

DÉFINITION du harcèlement

Le harcèlement est une violence répétée qui peut être verbale, physique ou psychologique.

Le harcèlement peut être fait par une personne ou un groupe. Cela peut se dérouler à l'école (salle de classe, cour de récréation, cantine, couloirs...), à l'extérieur (dans la rue, les transports, lors d'activités sportives...), ou en ligne = cyberharcèlement

CONTACTS UTILES

3020

Numéro gratuit pour t'aider si tu es victime de harcèlement avec des supers conseillers.

3018

Numéro vert de prise en charge des victimes de cyberharcèlement à l'école.

100% anonyme, gratuit et confidentiel

TU TE SENS HARCELÉ

ÉLOIGNE-TOI DES HARCELEURS

Si possible, évite les situations où tu risques de te retrouver seul avec les harceleurs. Rapproche toi plutôt de tes amis et des adultes de confiance.

TON HARCELEUR EST PLUS FAIBLE QUE TOI

Son comportement violent s'explique par un besoin de reconnaissance dont il te fait payer le prix. En s'en prenant à toi, il cherche à combler son manque de confiance en lui. Une chose à retenir, ne reste pas seul. On est de tout cœur avec toi !

Qu'est-ce que je peux faire si on m'embête au collège ?
- Oscar, CM2

Face à un harceleur, garde ton calme et montre-lui que ses moqueries ne t'atteignent pas, ose le regarder dans les yeux. N'empire pas la situation en répondant à la violence par la violence. Si tu t'en sens capable, tu peux t'entraîner à répondre avec humour et détachement.

PARLE DE CE QUE TU VIS

Si tu es vitime de harcèlement, il est essentiel d'en parler.

Tout simplement à d'autres élèves. Parles-en avec ceux qui semblent plus bienveillants dans ta classe, ils feront de leur mieux pour t'aider.

À un adulte de confiance, comme tes parents, un professeur, un surveillant, l'infirmier ou le CPE du collège pour pouvoir sortir de cette situation.

Ne garde surtout pas ça pour toi. Dans tous les cas, ça te fera beaucoup de bien d'en parler.

TU ES TÉMOIN DE harcèlement

"Je ne sais pas comment je pourrais l'aider..."
- Simon, CM2

Au collège, il y a malheureusement toujours des moqueries.

Ne t'inquiète pas, avec le temps ça passera mais en attendant que les méchants grandissent, on te donne quelques tips pour aider tes camarades :

NE SOIS PAS COMPLICE

Sois plus malin que les autres et ne participe pas aux moqueries, c'est la première façon d'aider.

Ne participe pas non plus à la diffusion de photos ou de messages privés qui peuvent faire du mal à quelqu'un. Tu serais aussi responsable de son harcèlement.

SOUTENIR LA VICTIME

Si tu connais quelqu'un qui est victime de harcèlement, soutiens-le en lui montrant que tu te soucies de lui. Le simple fait d'aller lui parler lorsque la personne est seule l'aidera à sortir de sa solitude et à regagner petit à petit confiance en elle. Alors parle-lui, écoute ses préoccupations et encourage-la à se confier.

Ensemble, vous serez + forts

SIGNALE LE HARCÈLEMENT

Si tu sens que la situation devient dangereuse, n'hésite pas à signaler le cas de harcèlement à un enseignant, un conseiller scolaire ou un membre de la direction. C'est aussi leur rôle de prendre les mesures nécessaires pour résoudre la situation.

"J'ai longtemps hésité à aller voir Mathilde, qui est tout le temps seule au collège. J'avais peur d'être jugée en passant un peu de temps avec elle. En fait, je me suis fait une trop bonne copine."
- Louane, 3e

"Tu vas t'éclater !"

- Coline, 3e

"C'est tellement bien d'avoir plusieurs profs!"

- Aurore, 4e

"Au début, c'est un peu grand, mais on s'y fait vite!"

- Manon, 6e

TON MUR

"J'étais un peu stressé, mais dès le premier jour j'ai adoré le collège!"

- Camille, 4e

"Amitiés + Ecole = 6e réussie!"

- Lucien, 5e

"C'est trop cool de grandir en entrant au collège"

- Clara, 3e

"Le collège, c'est le moment où tu te découvres vraiment. Profites-en!"

- Florian, 5e

"Profite bien de ton année en 6e"

- Rose, 3e

"La 6e, c'est l'année où tu découvres plein de nouvelles choses, c'est génial !"

- *Théa, 5e*

"N'aie pas peur, tu te feras vite à ta nouvelle routine."

- *Yanis, 5e*

"Je me suis fais plein de potes en arrivant en 6e"

- *Léo, 4e*

"Trop de découvertes t'attendent !"

- *Hugo, 4e*

DE MOTIV'

"Le collège, c'est une nouvelle aventure qui commence !"

- *Alban, 3e*

"Tu vas voir c'est super !"

- *David, 3e*

"Au collège il y a plein de changements, c'est fouuuuu !"

- *Tom, 4e*

"Entre les nouveaux amis et les nouvelles matières, c'est une année inoubliable !"

- *Elise, 4e*

VIVRE ENSEMBLE

le quizz

"MOI JE L'AIME. IL EST GENTIL."

Moi, Moche et Méchant

Comment adopter un comportement positif et respectueux avec tes camarades ? On te donne un petit coup de main avec ce quiz ! Pour faire ce questionnaire, il faut que tu répondes honnêtement à chaque question en choisissant la réponse qui correspond le mieux à tes réactions habituelles.

1) Ton ami lance une vanne sur la tenue d'un camarade :

■ Ça te fait bien rire. Tu cherches une blague encore plus marrante.

▲ C'est méchant. Tu évites d'y participer.

● Il fait tout le temps des blagues comme ça. Tu préfères rire plutôt que de devenir la cible de la prochaine vanne.

2) Quelqu'un de ta classe se fait traiter de balance :

● Tu n'en sais rien et tu t'occupes pas des problèmes des autres.

■ C'est un jeu, on a bien le droit de dire ce qu'on veut.

▲ C'est débile et en plus sûrement faux. Tu essaies de le soutenir.

3) Toi et une pote n'arrêtez pas de vous embrouiller depuis ce matin :

▲ Tu essaies de discuter mais impossible de trouver un compromis, tu finis par abandonner.

■ Tu la menaces pour qu'elle arrête de te contredire.

● Elle comprend jamais rien, tu dois lui expliquer 15 fois pourquoi elle a tort.

4) Ton prof fait une réflexion humiliante à une élève :

■ Pendant la pause, tu le racontes à tout le monde pour les faire rire.

▲ Tu jettes un coup d'œil aux délégués, il faudra que tu leur en parles à la récré.

● La blague te fait rire, en plus ça fera bonne impression au prof.

5) Un montage photo humiliant fait avec la tête d'un camarade circule sur Insta :

▲ Tu le préviens en message privé.

■ Tu l'envoies à tout le monde, ça va trop les faire rire !

● Tu likes la photo, elle est marrante !

6) Un adulte te reproche ton comportement vis à vis d'un camarade :

● Tu es encore énervé et tu fais semblant d'écouter.

■ Tu réponds, après tout il avait commencé et tu ne vois pas où est le mal dans ce que tu fais.

▲ Tu fonces t'excuser illico.

MAJORITÉ DE RÉPONSES ▲

Tu es sensible au bien-être de ton entourage, ça s'appelle l'empathie et c'est une grande qualité ! Tu as conscience des conséquences que peuvent avoir tes actes et s'il t'arrivait d'être maladroit, pas de doute que tu répareras tes erreurs.

MAJORITÉ DE RÉPONSES ●

Tu évites de rentrer dans les problèmes des autres et ce n'est pas une mauvaise chose si ça peut te protéger ! Attention à ne pas te laisser emporter par le groupe. Ne pas rire, c'est un premier soutien que tu apportes à la victime de harcèlement.

MAJORITÉ DE RÉPONSES ■

Ton comportement peut avoir des conséquences très graves pour tes victimes. Les adultes t'ont sûrement déjà fait des reproches parce que tu harcelais d'autres enfants. La popularité que tu gagnes en étant méchant dure très peu de temps : elle sera balayée dès ton entrée au lycée.

Les gens qui rigolaient de ce que tu faisais subir aux autres te trouveront à ton tour ridicule. Pas besoin de devenir ami avec tout le monde, profite des moments avec ceux que tu aimes sans embêter ceux que tu apprécies moins.

Remets moi vite à l'endroit, j'ai la tête qui tourne !

LES ÉCRANS

"LES ÉCRANS PEUVENT ÊTRE DES AMIS, MAIS IL EST IMPORTANT DE NE PAS OUBLIER DE PASSER DU TEMPS AVEC DE VRAIS AMIS AUSSI !"

Phinéas et Ferb

Tu te sens prêt à explorer ce monde numérique comme Phinéas et Ferb ? Ils ont un super conseil : "Les écrans, c'est top, mais pas de zapping avec tes potes en vrai !" Alors, attache ta ceinture, car on va plonger dans le royaume des écrans tout en gardant le fun dans la vraie vie. C'est parti pour l'aventure !

"J'ai découvert un truc sur mon téléphone, ça permet d'enlever la lumière bleue le soir, ça s'appelle Night Mode. En gros, l'écran devient un peu orange et j'ai un peu moins mal aux yeux, même le jour."

- Pierre, 3e

Night Shift sur iPhone

Pourquoi des fois j'ai mal à la tête ?

- Flore, CM2

Pour fonctionner, les écrans diffusent de la lumière bleue. Le problème de cette lumière très intense, c'est qu'elle fatigue beaucoup tes yeux. À cause d'elle, tu as une sensation de flou et de mal au crâne quand tu passes trop de temps sur ton écran (lève les yeux de temps en temps !).

Pourquoi mes parents veulent tout le temps que j'arrête de jouer aux jeux vidéos ?
- David, CM2

Tu sais, les jeux vidéos sont comme des bonbons. En petite quantité, c'est amusant et ça ne fait pas de mal. Mais si tu en abuses, ça peut devenir addictif. Tes parents veulent simplement s'assurer que tu profites aussi des autres bonnes choses de la vie, comme jouer dehors, lire ou passer du temps avec la famille. C'est pour ton bien !

SUPER LIVRES avant de dormir (mais pas que !)

POUR COMMENCER
Tobie Lolness - Timothée de Fombelle

LA BD QUI DONNE ENVIE D'EN LIRE PLUS
La bibliomule de Cordoue - Lupano

LA TRIOLOGIE FANTASY
Le pacte des Marchombres (Ellana) - Pierre Bottero

SUR L'ADOLESCENCE
Qui es-tu Alaska ? - John Green

L'AVENTURE EN BD
Les enfants d'ailleurs - Nyyko

L'ESPION
La série Cherub - Robert Muchamore

LE MANFRA
Dreamland - Reno Lemaire

LE CLASSIQUE
Vingt Mille Lieues sous les mers - Jules Verne

LE CLASSIQUE MANGA
Quartier Lointain - Jiro Taniguchi

AU NATUREL
Croc Blanc - Jack London

J'AI L'IMPRESSION DE PASSER À CÔTÉ DE CE QUI SE PASSE QUAND JE NE SUIS PAS CONNECTÉ

Et c'est normal, il se passe tellement de choses ! Quand tu restes trop longtemps sur les écrans, tu loupes aussi des trucs très importants. Encore une fois, tu as besoin de te dépenser, d'être en interaction avec tes amis et tes parents. Le tout, c'est d'arriver à t'éclater aussi dans la vraie vie !

C'est aussi très important que ton temps d'écran ne remplace pas ton sommeil (8 heures par nuit minimum).

TROP D'ÉCRAN AVANT DE DORMIR = **TU NE DORS PAS ASSEZ** = **TU N'ARRIVES PAS À TE CONCENTRER LE LENDEMAIN** = **TU GALÈRES À L'ÉCOLE**

LES ASTUCES DU CHEF

tu peux faire moins ;)

- [ ] Essaye de te limiter à **une heure maximum par jour.** C'est le temps qu'il faut pour regarder **3 épisodes d'un animé.**

  Si tu dois choisir, **limite les réseaux sociaux ou les jeux vidéo** avant de dormir et préfère un film ou une série, **ça te calmera avant d'aller au lit.**

- [ ] Pour préserver ton sommeil, l'idéal est de **laisser ton écran loin de toi** une heure avant de dormir!

  Si ton téléphone fait réveil, pose-le aussi loin que possible de ton lit, ça te forcera à te lever le matin pour éteindre cette sonnerie insupportable!

mieux: achète un réveil

3	3	3	3	3	3	3	3	3	3	3	3	3	3	3	3	3	3	3	3	3	3	3	3	3	3	3	3	3	3
3	2	2	3	3	3	3	3	3	3	3	3	3	3	3	3	3	3	3	3	3	3	3	3	3	3	3	2	2	3
3	2	2	2	3	3	3	3	3	3	3	3	3	3	3	3	3	3	3	3	3	3	3	3	3	3	2	2	2	3
3	2	2	2	2	3	3	3	3	3	3	3	3	3	3	3	3	3	3	3	3	3	3	3	3	2	2	2	2	3
3	2	2	2	0	2	3	3	3	3	3	3	3	3	3	3	3	3	3	3	3	3	3	3	2	0	2	2	2	3
3	3	2	2	0	0	2	2	3	3	3	3	3	3	3	3	3	3	3	3	3	3	2	2	0	0	2	2	3	3
3	3	2	2	0	0	0	0	2	3	3	3	3	3	3	3	3	3	3	3	3	2	0	0	0	0	2	2	3	3
3	3	3	2	0	0	0	0	0	2	2	3	3	2	2	2	2	3	3	2	2	0	0	0	0	0	2	3	3	3
3	3	3	2	0	0	0	0	0	0	0	2	2	0	0	0	0	2	2	0	0	0	0	0	0	0	2	3	3	3
3	3	3	3	2	0	0	0	0	0	0	0	0	0	0	0	0	0	0	0	0	0	0	0	0	2	3	3	3	3
3	3	3	3	3	2	0	2	0	0	0	0	0	0	0	0	0	0	0	0	0	0	2	0	2	3	3	3	3	3
3	3	3	3	3	3	2	0	0	0	0	0	0	0	0	0	0	0	0	0	0	0	0	2	3	3	3	3	3	3
3	3	3	3	3	3	2	0	0	0	0	0	0	0	0	0	0	0	0	0	0	0	0	2	3	3	3	3	3	3
3	3	3	3	3	2	0	0	0	2	2	0	0	0	x	0	0	0	0	2	2	0	0	0	2	3	3	3	3	3
3	3	3	3	3	2	0	0	2	3	2	2	0	0	0	0	0	0	2	2	3	2	0	0	2	3	3	3	3	3
3	3	3	3	3	2	0	0	2	2	2	2	0	0	0	0	0	0	2	2	2	2	0	0	2	3	3	3	3	3
3	3	3	3	3	2	0	0	0	2	2	0	0	0	2	2	0	0	0	2	2	0	0	0	2	3	3	3	3	3
3	3	3	3	2	0	0	1	1	0	0	0	0	0	0	0	0	0	0	0	0	1	1	0	0	2	3	3	3	3
3	3	3	3	2	0	1	1	1	1	0	0	2	0	2	2	0	2	0	0	1	1	1	1	0	2	3	3	3	3
3	3	3	3	2	0	1	1	1	1	0	0	0	2	2	2	2	0	0	0	1	1	1	1	0	2	3	3	3	3
3	3	3	3	3	2	0	1	1	0	0	0	0	2	1	1	2	0	0	0	0	1	1	0	2	3	3	3	3	3
3	3	3	3	3	3	2	0	0	0	0	0	0	2	1	1	2	0	0	0	0	0	0	2	3	3	3	3	3	3
3	3	3	3	3	3	3	2	2	0	0	0	0	0	2	2	0	0	0	0	0	2	2	3	3	3	3	3	3	3
3	3	3	3	3	3	3	3	3	2	2	2	0	0	0	0	0	0	2	2	2	3	3	3	3	3	3	3	3	3
3	3	3	3	3	3	3	3	3	3	3	3	2	2	2	2	2	2	3	3	3	3	3	3	3	3	3	3	3	3
3	3	3	3	3	3	3	3	3	3	3	3	3	3	3	3	3	3	3	3	3	3	3	3	3	3	3	3	3	3

0 Colorie en jaune 1 Colorie en rouge 2 Colorie en noir 3 Laisse en blanc

BLABLABLABLABLA BLA BLA BLA BLA BLA BLA BLA BLA BLA BLA BLA BLA BLA BLA
SCROLL SCROLL SCROLL SCROLL SCROLL SCROLL SCROLL SCROLL SCROLL SCROLL SCROLL
BLA?
SCROLL SCROLL SCROLL SCROLL SCROLL SCROLL SCROLL SCROLL SCROLL SCROLL SCROLL
EH, ATTEN
PAF.
BAM.
AÏE
C'EST UN ARGUMENT PLUS PERCUTANT POUR QU'IL LÂCHE SON PORTABLE EN MARCHANT.

LES ÉCO-GESTES

"SI VOUS PENSEZ QUE VOUS ÊTES TROP PETIT POUR CHANGER QUELQUE CHOSE, ESSAYEZ DE DORMIR AVEC UN MOUSTIQUE !"

Le dalaï-lama

Même si tu es encore jeune, il y a plein de choses que tu peux faire pour contribuer à protéger notre belle planète en adoptant des éco-gestes. On ne te demande pas de devenir un super-héros (même si ce serait cool) mais de faire des petits efforts au quotidien !

Qu'est-ce que je peux faire à mon âge ? - *Sarah, CM2*

RÉDUIS : Deviens le roi ou la reine des économies en disant adieu aux emballages inutiles ! Par exemple, on évite les gâteaux avec un emballage compliqué : un carton + une barquette + un sachet par gâteau... c'est trop !

RÉUTILISE : Utilise des gourdes et des boîtes à goûter réutilisables. Fini les bouteilles en plastique et les emballages qui partent à la poubelle après une seule utilisation !

RECYCLE : On sait que trier peut être compliqué au début. Mais tu vas voir c'est une habitude simple à prendre. Ça évite que tes déchets soient enterrés dans le sol ou brûlés. Au contraire, les déchets que tu as triés serviront à fabriquer de nouveaux matériaux !

ÉCONOMISE L'EAU :

L'eau est une ressource précieuse, alors veille à ne pas la gaspiller. Voici quelques astuces simples :

- ☐ Ferme le robinet pendant que tu te brosses les dents
- ☐ Signale les fuites d'eau à tes parents
- ☐ Prends une douche plutôt qu'un bain

et limite-toi à 5 minutes !

EN PARLER C'EST AUSSI UN ÉCO-GESTE !

N'aie pas honte de parler d'écologie à ta famille et tes amis, c'est en les encourageant à adopter les éco-gestes que vous pourrez agir pour la planète. D'ailleurs, ils pourraient bien te surprendre en t'apprenant aussi des choses !

LA CONSOMMATION D'EAU ET D'ÉNERGIE peut se cacher partout !!

Il faut 15 000 litres d'eau pour faire un kilo de bœuf ! Et oui, le bœuf doit boire de l'eau et manger des céréales et du fourrage qui ont été arrosés pour pousser. Un kilo de bœuf représente autant d'eau que 100 douches ! (150 litres d'eau pour une douche de 10 minutes).

"Dans mon collège, il y a parfois des plats sans viande, je ne suis pas végé, mais c'est souvent très bon."

- Rose, 3e

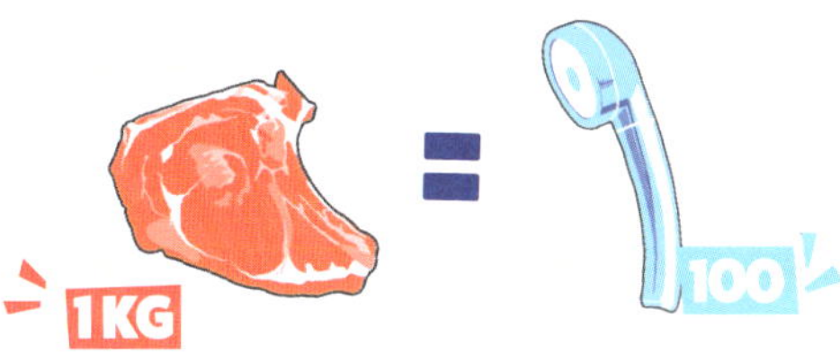

CAP DE SAUVER LA PLANÈTE ?

1. PRENDRE UNE DOUCHE DE MOINS DE 5 MINUTES
2. RAMASSER 3 DÉCHETS DANS LA COUR
3. REMPLACER TES BOUTEILLES EN PLASTIQUE PAR UNE GOURDE
4. FAIRE UNE SEMAINE DE GOÛTER SANS EMBALLAGE (TU PEUX ESSAYER DE TE FAIRE DES TARTINES, MANGER DES FRUITS...)
5. NE FAIRE AUCUN GASPILLAGE AU SELF PENDANT UNE SEMAINE
6. TRIER TES VÊTEMENTS TROP PETITS POUR FAIRE UN DON À UNE ASSOCIATION (EMMAÜS, SECOURS POPULAIRE...)
7. DEMANDER À TES PARENTS D'ACHETER UN VÊTEMENT DE SECONDE MAIN (FRIPERIE, VINTED...)

UN... UNE ANTISÈCHE ?...
HAHA, A... ALORS, C'EST PAS DU-TOUT CE QUE VOUS CR... CROYEZ...
C'EST JUSTE QUE JE RECYCLE MON PAPIER...

RÉVISER AU COLLÈGE

"IL N'Y A PAS DE RÉUSSITE FACILE, NI D'ÉCHECS DÉFINITIFS"

Marcel Proust

Bien dit Marcel ! C'est sûr, il faut s'accrocher pour comprendre son cours de géométrie ! Maintenant, laisse nous prendre la relève pour t'expliquer comment être prêt le jour du contrôle !

RÉVISER, RÉVISER, RÉVISER !

Tu sais pourquoi on répète souvent les choses ? Pour les retenir ! À l'approche d'un contrôle, rien de mieux qu'une petite révision chaque soir ! Si tu lis ton cours avant de dormir, ton cerveau enregistrera mieux les informations.

Ü

"Je n'arrive pas à lire mon cours pendant une demi-heure pour l'apprendre par cœur. Du coup, maintenant je le lis 10 minutes, je le ferme et je réécris les trucs importants que j'ai retenus et je recommence."

- Jules, 3e

FAIS DES FICHES DE RÉVISION

Résume chaque cours sur une fiche avec les points clés, en gardant l'essentiel, rien que l'essentiel.
Par exemple en maths, tu notes : les formules importantes, les règles à retenir. En histoire : les dates principales, les éléments importants...

NE RÉVISE PAS SEUL

Si tu as des difficultés dans une matière, profite des heures interminables en permanence pour aller poser tes questions à l'élève qui comprend toujours tout sur tout ! Il sera content de t'aider.

accroche-toi et un jour ce sera toi !

RRRRRAAAAAH
AH.
J'LAI RETROUVÉ.
TIENS, MA LISTE D'ASTUCES POUR BIEN S'ORGANISER.

tu nous remercieras plus tard pour les bonnes notes

3 TECHNIQUES secrètes

1 CRÉE DES FLASH-CARDS

Pourquoi ne pas fabriquer un jeu pour apprendre aussi ? C'est ce qu'on appelle les Flash-Cards.

C'est comme faire ton propre jeu de cartes. Sur une face, tu écris une question et sur l'autre la réponse. Et hop, le tour est joué ! Plus qu'à réviser en répondant à haute voix aux questions, puis tu vérifies la réponse.

2 ESSAIE LA TECHNIQUE DE LA FEUILLE BLANCHE

Imagine que tu es un grand artiste et que tu dois reproduire un tableau... sans le regarder !

C'est ce qu'on appelle la technique de la feuille blanche. Retourne tes cours, prends une feuille vierge et écris tout ce que tu as appris.

Ensuite, tu compares avec ton cours pour voir ce que tu as retenu et ce que tu dois encore travailler. Et tu verras, en seulement quelques essais, tu auras presque tout mémorisé !

"Mon astuce pour réviser, c'est d'expliquer à un ami tout ce que j'ai retenu du chapitre, ça m'assure d'avoir bien compris."

- Rose, 3e

3 REFAIS DES EXERCICES QUE TU AS DÉJÀ FAITS

Tout simplement, et sans regarder la correction !

Si tu n'as pas noté la correction, il y a presque toujours quelques exercices corrigés dans ton livre de cours. Comme ça tu pourras t'entraîner avant le contrôle.

"À partir de la 5e, je refaisais tout le temps les contrôles de maths. C'est le meilleur truc pour réviser rapidement."

- Coline, 3e

Écris tes 4 matières préférées au collège :

Histoire

YOUTUBERS POUR RÉVISER

"EST-CE-QUE C'EST BON POUR VOUS ?"

Squeezie

Sur YouTube, après une vidéo d'Inoxtag escaladant l'Everest, tu peux regarder un petit cours de maths ! Si ça ne te donne pas trop envie pour l'instant, tu vas voir, il y a sur YouTube des cours et des profs géniaux pour t'aider à réviser !

QUELQUES CONSEILS

- ☐ Prends des notes pendant que tu regardes les vidéos, cela t'aidera à mieux mémoriser les informations.
- ☐ N'hésite pas à mettre en pause ou à revenir en arrière si tu as besoin de mieux comprendre une notion.
- ☐ Discute de ce que tu as appris avec tes amis, cela renforcera ta compréhension.

NOS P'TITS préférés

MATHÉMATIQUES :

Yvan Monka : que ce soit sur un chapitre ou une notion précise, tu vas trouver une explication simple et claire.

HISTOIRE GÉOGRAPHIE :

Éditions Lelivrescolaire.fr te propose des focus sur chaque partie de ton programme d'histoire-géo en plus de vidéos sur d'autres matières.

FRANÇAIS :

Un cours de 5 minutes t'explique en... 5 minutes les notions de français essentielles (conjugaison, grammaire, etc.).

En plus, il propose aux élèves les plus motivés des vidéos consacrées à des auteurs précis.

→ Victor Hugo n'aura plus de secrets pour toi

ANGLAIS :

DigiSchool orientation helps you to practice English in 6e !

SVT/TECHNOLOGIE :

Mathrix propose beaucoup de contenus sur tes matières scientifiques, en plus de te plonger dans ton programme de maths.

EPS :

La seule façon de réviser l'EPS avec Youtube c'est d'aller faire du sport en mettant un podcast dans ses oreilles. Va faire un tour du côté de Franceinfo junior.

ENSEIGNEMENT ARTISTIQUE :

Va faire un tour sur le site de Lumni.fr. On quitte YouTube pour un autre site internet mais leurs vidéos vont t'aider à développer tes connaissances culturelles !

TOUT EN UN !

Que ce soient les maths, l'histoire, les sciences... La chaîne "les bons profs" propose des explications dans chaque matière. C'est un peu la crème des vidéos de révision sur YouTube. Va y faire un tour pour toutes tes questions.

Tu meurs d'impatience de connaître les modes de reproduction des végétaux ? Tu rêves chaque nuit d'en savoir plus sur les compléments du verbe ? Des profs sympas t'apporteront des explications claires.

ET DONC, C'EST AINSI QUE...
OUI ?
VOUS POUVEZ VOUS METTRE SUR PAUSE, SVP ?
FAUT QUE J'AILLE FAIRE PIPI.

LES POTES

"ET TOI, TU FERAIS QUOI POUR UN POTE ?"

Bigflo et Oli

Quand tu étais petit, tu passais ton temps avec ton ami imaginaire. Puis à l'école tu as joué avec tes premiers copains, bien réels eux. Au fur et à mesure, tes amitiés grandissent et ensemble, vous vivez vos joies et vos peines. Au collège, tu as hâte de continuer l'aventure avec eux !

Je vais dans le même collège que mes copains, on sera dans la même classe ? - *Eloy, CM2*

Pas de panique, si toi et tes copains allez dans le même collège, vous pouvez facilement demander à être dans la même classe. Pour avoir le plus de chances d'être ensemble, mettez-vous d'accord avec quelques potes.

Il faut que vos parents ou votre maîtresse/maître fassent la demande auprès du collège. On croise les doigts !

non, tu ne vas pas pouvoir être avec ta bande de 12 amis

TOUT LE MONDE VA DANS LE MÊME COLLÈGE, SAUF MOI !

Tu déménages ou tu ne vas pas dans ton collège de secteur ?

Tu as certainement peur d'être seul pour écrire cette histoire. Promis, tu vas te faire nouveaux amis très rapidement ! Laisse-toi le temps !

Tu te demandes ce que tu fais là au début puis tu découvres rapidement de supers amis !

Comment je fais si ma meilleure amie ne va pas dans le même collège ? - *Lisa, CM2*

Votre amitié n'est pas terminée ! Si tu tiens à elle et qu'elle te manque, vous avez plein de moyens de communiquer.

Vous habitez peut-être à côté ? Propose-lui de venir chez toi après les cours ou le week-end ! Si vos parents sont ok, allez vous faire un ciné !

L'AMITIÉ

Tu as pleins de potes et c'est super ! Mais assure-toi d'avoir toujours quelques très bons amis avec qui tu te sens bien. Il vaut mieux être bien entouré par un petit nombre que de chercher à tout prix à être populaire.

Une bonne relation d'amitié c'est donnant-donnant.

tu risquerais de te sentir seul, quand tu en auras besoin

LES RÈGLES D'OR de l'amitié

- [x] Ton ami ne décide pas avec qui tu peux être ami
- [x] Ton ami garde tes secrets
- [x] Ton ami ne se moque pas de toi pour te faire du mal
- [x] Ton ami ne cherche pas à t'influencer dans tes choix
- [ ] Ton ami ne te donne pas d'ordre, ne te force pas à faire des choses pour lui
- [x] Ton ami ne change pas d'attitude envers toi lorsqu'il y a d'autres personnes

Le secret, c'est de repérer ces petits signes qui ne trompent pas pour pouvoir te retirer de ces fausses relations d'amitié. Tu pourras passer ton temps avec les amis qui te veulent du bien !

VAS-Y, JE T'ÉCOUTE :
TU AS DIX MINUTES POUR M'EXPLIQUER COMMENT TU PEUX DEVENIR MA MEILLEURE AMIE POUR LA VIE.

JEUX OLYMPIQUES

"PLUS FORT, PLUS HAUT, PLUS VITE"

Pierre de Coubertin

Toujours plus loin, toujours plus haut, toujours plus fort !"... En fait non, rien à voir avec Fort Boyard. Ici c'est la devise du Comité Olympique, qui organise la plus prestigieuse compétition de sport : Les Jeux Olympiques. Pierre de Coubertin les a créés il y a plus de 120 ans !

Encore plus vieux que papi et mamie

PETIT COURS

(Plus intéressant que les COD et COI)

Les JO existaient déjà pendant l'Antiquité. Nos ancêtres Grecs adoraient le sport, et Pierre de Coubertin a remis à la mode cette grande fête sportive !

C'est quand les JO ?

- Jules, CM2

Les JO c'est tous les 4 ans, et si on en parle autant en ce moment, c'est parce que la France accueille les JO d'été pour la première fois depuis 100 ans en 2024 ! Les Jeux Olympiques de Paris 2024 se déroulent durant les grandes vacances du 26 juillet au 11 août.

D'AILLEURS, ÇA DONNE QUOI AU NIVEAU DES PROUESSES SPORTIVES FRANÇAISES ?

Du côté des hommes, Martin Fourcade a ramené 5 médailles d'or et deux médailles d'argent en biathlon (un drôle de sport avec des skis et un fusil).

Chez les femmes, Marie-José Pérec a glané 3 médailles d'or pour la course de 400 et 200 mètres !

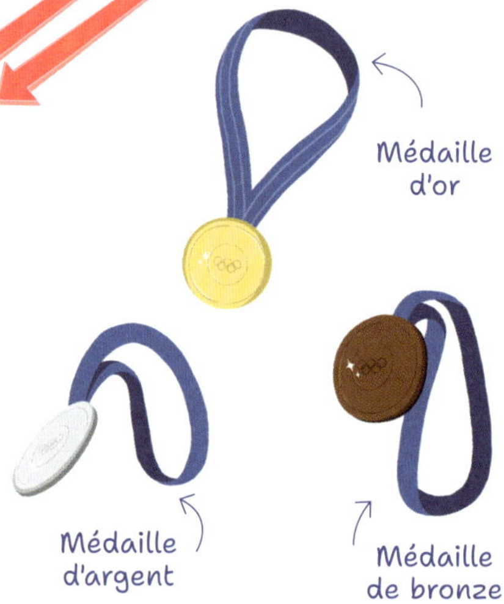

LES VALEURS DE l'olympisme

Si on est tous aussi heureux au moment des JO, c'est parce qu'on aime célébrer le sport bien sûr ! Mais c'est aussi parce que les JO sont le moment de mettre en avant les valeurs de l'olympisme ! Elles sont primordiales dans chaque pratique sportive, un peu comme le fair play.

L'amitié, le respect et l'excellence. Ça te rappelle quelque chose ? Ce sont aussi des valeurs importantes de ta vie au quotidien !

AMITIÉ : Crée des liens forts avec tes camarades de classe.

RESPECT : Sois toujours poli et respectueux envers les autres, même avec ton voisin de table qui prend toute la place.

EXCELLENCE : Donne le meilleur de toi-même dans tout ce que tu fais, que ce soit en maths, en sport et surtout lorsqu'il s'agit d'arriver premier à la cantine.

PARIS 2024

C'est une chance incroyable pour la France d'accueillir les Jeux Olympiques !

C'est une grande fête sportive où tu peux encourager les athlètes français et découvrir des sports que tu ne connaissais même pas, comme du trampoline ou du plongeon ! (Oui oui, continue de faire des bombes à la piscine et tu finiras médaillé !)

Le logo des JO 2024

"J'adore regarder les Jeux Olympiques ! C'est l'occasion de voir à la télé des sports qu'on ne voit presque jamais : judo, athlétisme, natation... !"

\- *Nicolas, 3e*

LES JEUX PARALYMPIQUES

N'oublie pas les Jeux Paralympiques qui auront lieu juste après les Jeux Olympiques. Pendant 2 semaines, les meilleurs athlètes handicapés du monde s'affrontent dans 23 disciplines.

Les sports sont adaptés à leurs handicaps. Ces athlètes sont de véritables modèles de courage et de persévérance. Inspire-toi d'eux pour surmonter tes propres défis !

OUI BONJOUR MONSIEUR PAINCHAUD.
DITES, C'EST VRAIMENT SUPER DE FAIRE DÉCOUVRIR UNE DISCIPLINE DES J.O À VOS ÉLÈVES CETTE ANNÉE,
MAIS VOUS NE VOULEZ PAS ESSAYER LA COURSE À PIED PLUTÔT ?
DIRECTRICE

CERVEAU À L'ADOLESCENCE

"VOUS ÊTES-VOUS DÉJÀ DEMANDÉ CE QU'IL PEUT BIEN SE PASSER DANS LA TÊTE DES AUTRES ?"

Joie dans Vice Versa

Avant de savoir ce qu'il se passe chez les autres, tu te demandes peut-être ce qu'il se passe dans ta propre tête ? Tu as l'impression que toutes tes émotions sont détraquées, tu démarres une grosse colère avant d'enchaîner sur un coup de blues. Ne t'inquiète pas, c'est parce que comme toi, ton cerveau est en train de grandir.

LE CERVEAU KÉSAKO ?

Est-ce que tu as conscience de toute la puissance qui se cache entre tes deux oreilles ?

On est tous dotés d'un cerveau et c'est plutôt une bonne nouvelle. Sans lui, on serait bien incapable de faire quoi que ce soit.

Ton cerveau centralise toutes les informations auxquelles tu as accès et transmet les ordres aux différentes parties de ton corps.

Par exemple, il te permet aussi de te rappeler dans quel placard sont cachés les Kinder. C'est encore lui qui va donner l'ordre à ton bras de saisir le gâteau, de l'amener à ta bouche affamée et de l'engloutir avec tant de gourmandise !

Ton cerveau fait fonctionner tout cela : tes émotions, ta mémoire, tes mouvements... et bien d'autres choses.

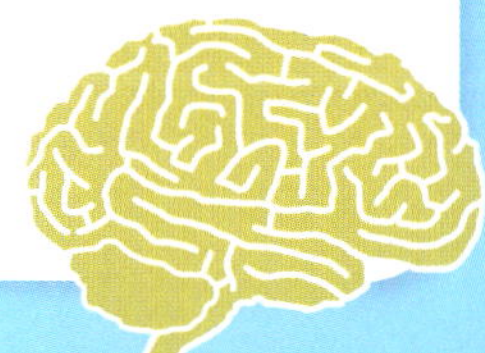

Mais pourquoi est-ce que mon cerveau change ? - *Charlie, CM2*

Pendant l'adolescence, ton cerveau se transforme pour te préparer à l'âge adulte. Il organise un grand ménage pour se débarrasser des informations inutiles et garder uniquement celles qui serviront à booster tes talents.

"Je me souviens que surtout en 5e et 4e, j'arrêtais pas de m'engueuler avec mes parents. Quand j'en pouvais plus, je sortais faire du basket et me défouler pour dépenser mon énergie"

- *Léon, 3e*

À TOI DE JOUER
ATTEINS LA SORTIE !

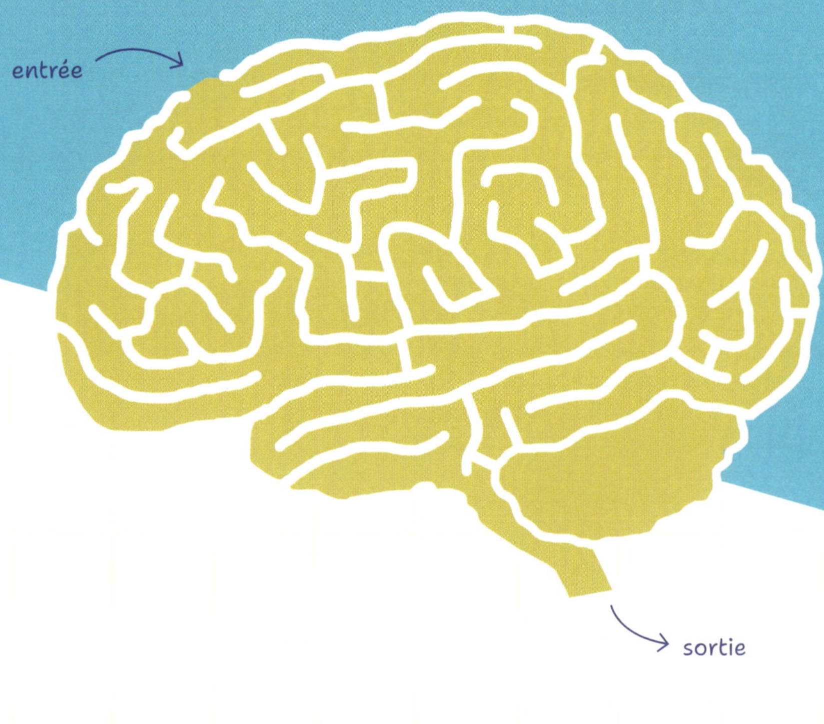

Est-ce-que c'est cool ?
- Morgan, CM2

Tu as peut-être remarqué les drôles de changements de ton comportement. C'est le rodéo des humeurs. Tu te mets en colère, tu te vexes, tu es très joyeux. Tous ces comportements ne t'étaient pas familiers avant ta puberté.

Bonne nouvelle ! Cette période est super pour ta créativité et ta capacité d'apprentissage qui ne seront jamais aussi bonnes qu'à ce moment-là.

Profites-en !

LE P'TIT CONSEIL

Si tu as des sautes d'humeur, prends un moment pour t'isoler, respire, écoute un peu de musique, tout va rentrer dans l'ordre.

EN BREF

Tu l'auras compris, ton cerveau est en ébullition. Pour sa transformation, il a un plus grand besoin de dopamine (l'hormone du bonheur) que de sérotonine (l'hormone du calme). Quand ces deux hormones sont mal équilibrées, ton humeur est changeante.

Ne t'en fais pas, ces montagnes russes d'émotions sont un passage quasi systématique à l'adolescence. Tout le monde passe par là et ça finit toujours par s'arranger.

LE CPE

"T'ES ARRIVÉ EN RETARD À CAUSE DE LA GRÈVE ? C'ÉTAIT UNE GRÈVE AIR FRANCE, ET T'HABITES AU BOUT DE LA RUE."

Film - La vie scolaire

Tu l'auras compris, mieux vaut éviter de mentir à ton CPE ! Lui aussi fait partie des grandes nouveautés du collège. Son rôle est de faire le lien entre la vie scolaire, l'administration, les profs, les surveillants, tes parents... et toi évidemment.

C'est quoi la différence avec le principal du collège du coup ?
- Simon, CM2

Le Principal, c'est le grand chef qui décide des règles de l'école, du budget et de toutes les responsabilités que cela implique. Bref, il prend les grandes décisions et il s'occupe de plein de choses compliquées qui ne t'intéressent pas vraiment. Quand il vient voir les élèves, le plus souvent, c'est du sérieux !

Il fait quoi le CPE ? - *Tom, CM2*

Le CPE, c'est un peu comme l'assistant du Principal pour s'occuper de toi et des autres collégiens au quotidien. C'est comme un super allié pour les élèves. Il fait tout ce qu'il peut pour que vous vous sentiez bien.

Tu as un problème avec un camarade ? Il va s'occuper de trouver une solution. Attention, si c'est toi qui embêtes quelqu'un, il trouvera aussi une solution qui ne va pas beaucoup te plaire.

une heure de colle c'est beaucoup plus long qu'une heure avec tes potes...

Comment je fais pour lui parler ? - *Nina, CM2*

Le CPE est super accessible, son rôle est de t'aider donc il sera ravi de discuter avec toi. Il aime connaître l'ambiance dans le collège. Tu le verras souvent se balader dans les couloirs ou pendant les récrés. Si tu as vraiment besoin de le voir, il a un bureau dans le collège pour t'accueillir et t'écouter !

LE P'TIT CONSEIL

Le Principal est habillé en costume sérieux, comme un chef, ça le rend un peu intimidant. Le CPE est habillé normalement et il est beaucoup plus accessible !

SITES INTERNET POUR RÉVISER

"EURÊKA ! EURÊKA ! J'AI TROUVÉ ! J'AI TROUVÉ !"

Archimède

Pour bien préparer un contrôle, pas facile de faire le tri entre tous les sites. S'il s'appelle "100% MAXI MÉGA COURS GRATUIT POUR COLLÉGIEN", ce n'est pas la peine de cliquer. Pour toi, on a risqué de se faire pirater plusieurs fois, mais ça valait la peine ! On a trouvé la crème de la crème des sites pour réviser.

MATHÉMATIQUES

Khan Academy (khanacademy.org) : Tu y trouveras des cours, des exercices et des vidéos pour t'aider à tout comprendre.

FRANÇAIS

Ortholud (ortholud.com) :
Si l'orthographe et la grammaire te donnent des frissons, ce site est fait pour toi. Avec des jeux et des exercices, tu vas apprendre en t'amusant !

lait dikter neux teux feron plu jamé peurre !

HISTOIRE-GÉOGRAPHIE

jeux-historiques.com et jeux-geographiques.com te proposent un max de quiz pour tester tes connaissances sur les sujets que tu travailles en histoire-géo.

Pour approfondir, va faire un tour sur Lumni, c'est vraiment un incontournable ! (plein d'anecdotes)

oui oui encore lui

ANGLAIS

AnglaisFacile.com : Tu vas voir, le site est un peu vieux. Par contre, il propose des leçonsdes leçons et des exercices vraiment complets.

Duolingo (duolingo.com) :
Deux pour le prix d'un !
Plus moderne, une application avec laquelle apprendre l'anglais devient un jeu d'enfant.
Entraîne-toi tous les jours et deviens le roi de la langue de Shakespeare !

SVT - TECHNO
PHYSIQUE - CHIMIE

Vive les SVT (vivelessvt.com) :
Si tu n'y comprends rien aux plantes, aux animaux, à la Terre et aux ordinateurs, ce site est fait pour toi. Tu apprends tout sur les sciences de la vie et de la Terre en t'amusant.

Pour la techno et la physique-chimie, direction Lumni !

LUMNI

notre préféré

Lumni, c'est le site idéal pour parfaire tes connaissances dans la discipline de ton choix.

Les grands classiques (maths, français, etc.) sont tous répertoriés en catégories.

En plus, il fait une belle place à l'EMC ou l'éducation aux médias.

Tu y trouves des infos sur l'actu et la culture super instructives.

C'est presque aussi cool que Mario Kart et Roblox car, cerise sur le gâteau : ils ont ajouté des mini-jeux en lien avec tes cours.

Les sites internet, c'est très pratique pour des exercices ou en dernier recours, mais la base c'est toujours de travailler le cours de ton prof !

LES RÈGLES

"CE QUI EST GÉNIAL, C'EST QUE DES FOIS ÇA ARRIVE AU MOMENT OÙ TU T'Y ATTENDS LE MOINS"

Natoo

Évidemment, Natoo fait du second degré. En vrai, elle te dirait plutôt : la GALÈRE c'est quand ça arrive sans prévenir. Tout le monde te dit que les règles c'est LE gros sujet de la puberté féminine. Ça fait partie des nombreuses transformations à l'adolescence. Pas de panique, on te donne plein d'astuces ici !

à tous les garçons qui lisent ce chapitre : on compte sur vous pour être bienveillants !

PREMIÈRES RÈGLES

Tes premières règles arrivent un peu quand elles le décident, et surtout sans prévenir.

Pour être prête à leur faire face dans n'importe quelle situation, on te conseille de garder dans ton sac une serviette hygiénique à partir de tes 10 ans. Au cas où.

La première fois qu'elles arrivent, pas de panique, colle ta serviette sur ta culotte comme c'est expliqué sur la boîte. Ensuite, demande à un adulte de confiance de t'expliquer.
De préférence une femme (plus d'expérience forcément) : ça peut être ta maman, ta sœur, ta tante. L'infirmière du collège a des serviettes à te donner !... Elle t'expliquera ce qu'il t'arrive et comment faire pour que ça se passe bien.

Ça arrive quand les règles ?

- Mina, CM2

En fait, tout dépend de quand ta puberté s'est déclenchée. L'âge des premières règles est propre à chaque femme et peut arriver avant ou après l'âge moyen 12 ans.

De la même façon, ton cycle menstruel (la régularité de tes règles) est propre à ton corps : en moyenne, il dure 28 jours mais ça dépend des cas !

Pourquoi ça saigne ?

- Lara, 6e

À chaque cycle, ton corps se prépare à accueillir un bébé (oui oui, il prend beaucoup d'avance).

Donc si au bout du cycle, il n'y a pas de bébé, il évacue ce qu'il avait préparé et c'est à ce moment-là que "tu as tes règles" : pendant quelques jours (3 à 7) un filet de sang s'écoule de ton vagin. Encore une fois, l'intensité et la durée est variable selon ton corps.

LES PROTECTIONS périodiques

La serviette hygiénique

Le tampon

La culotte de règles

La serviette hygiénique

MISE EN PLACE
Se colle sur une culotte classique

PRÉVUE POUR
La journée de cours et la nuit

DURÉE D'UTILISATION
3 à 4 heures

Le tampon

MISE EN PLACE
Se place à l'intérieur du vagin avec le doigt ou un applicateur

PRÉVU POUR
Le sport (même la piscine)

DURÉE D'UTILISATION
3 heures

La culotte de règles

MISE EN PLACE
S'enfile à la place d'une culotte

PRÉVUE POUR
La journée de cours et la nuit

DURÉE D'UTILISATION
8 heures

CHANGER SON TAMPON RÉGULIÈREMENT

Si tu utilises un tampon, respecte bien la durée d'utilisation indiquée sur la boîte (généralement 3 heures). Le garder plus longtemps que prévu peut entraîner une infection (ça s'appelle un choc toxique). L'astuce, c'est de toujours avoir un tampon de rechange (ou plusieurs selon les situations) !

LAVER LES CULOTTES DE RÈGLES

Attention, pas de chaud sinon elles vont se tâcher ! Il faut les rincer à l'eau froide et ensuite les mettre à la machine à laver. Et voilà, elles sont propres !

"J'ai des règles abondantes donc j'ai acheté une culotte de règle spécifique."

- Zoé, 4e

BIEN CHOISIR SA PROTECTION

En fonction de ton flux, tu peux choisir une protection avec un niveau d'absorption plus ou moins important. C'est indiqué avec des gouttes sur la boite : plus de gouttes = capacité d'absorption plus importante.

QUELQUES CONSEILS

Si ton cycle est assez régulier, tu peux plus ou moins anticiper le moment de tes règles et commencer à mettre des protections la veille de ton premier jour pour éviter les mauvaises surprises le moment venu.

Fais des provisions. Place des protections hygiéniques de secours dans ton sac, au cas où.

De plus en plus de collèges fournissent des protections périodiques gratuitement ! Si jamais tu as un imprévu, tu peux aller demander à la vie scolaire !

DES DOULEURS TROP FORTES

Si la douleur est insupportable, parles-en avec ton médecin, il saura t'aider.

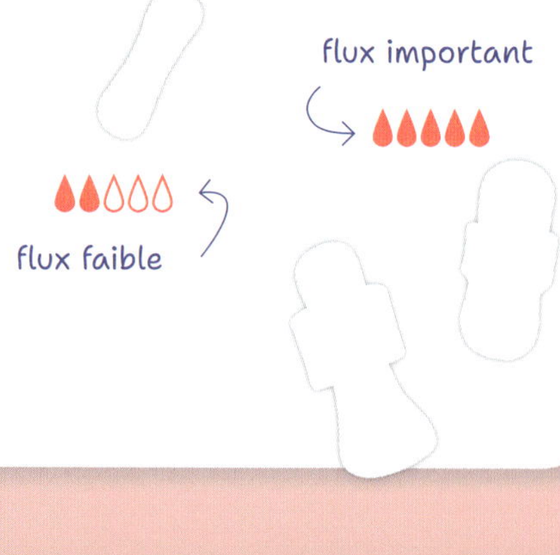

METTRE UNE SERVIETTE hygiénique

1 ENLÈVE LA PAPIER PROTECTEUR

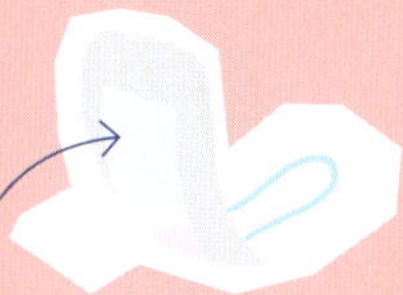

Les serviettes hygiéniques sont adhésives

2 PLACE LA SERVIETTE SUR TA CULOTTE

à peu près au centre

3 RETIRE CELLE QUI SE TROUVE SUR TA CULOTTE ET POSE LA SUR UN EMBALLAGE

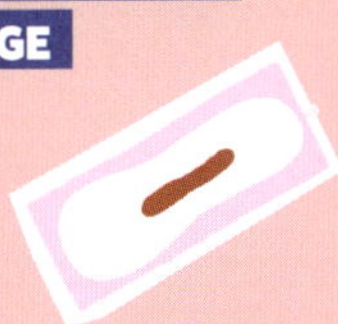

Soit l'emballage de ta serviette usagée, que tu as gardé, soit celui de la nouvelle serviette

4 ENROULE-LA

5 JETTE-LA À LA POUBELLE

pas dans les toilettes

ASTUCES de grand-mère

- ☐ Masse toi le ventre pour le détendre
- ☐ Place une bouillote bien chaude là où ça fait mal
- ☐ Mange équilibré (pas trop gras)
- ☐ Prends un bain bien chaud
- ☐ Bois une tisane de sauge

LE PIRE QUAND TU AS TES RÈGLES AU COLLÈGE :

CHANGEMENT DU CORPS

"MOI TU ME PARLES PAS D'ÂGE"
Kylian Mbappé

Une chose est sûre, il n'y a pas d'âge pour la puberté ! Tu ne vas pas y échapper : adolescence = transformation de ton corps... Si un ou une amie a eu sa puberté avant toi, la tienne met plus de temps à arriver, elle est en chemin.

chacun sa route
chacun son chemin !

À QUOI ÇA RESSEMBLE ?

Tu vas observer des changements directement sur ton corps.

Chez les filles, les règles arrivent, la poitrine se forme, les poils apparaissent.

Chez les garçons le pénis grandit, la voix change, des poils poussent...

C'est quoi la puberté ?

- Eva, CM2

La puberté, c'est une période de ton adolescence pendant laquelle ton corps se prépare à devenir un jour tes parents.

T'inquiète, ça ne veut pas dire que tu vas devoir changer des couches dans deux semaines. Ton corps anticipe simplement cette possibilité, et pour cela il se transforme.

PETIT TOPO DES MUTATIONS de la puberté

Est-ce que je vais muer ?
- Dylan, CM2

Tu peux repousser ton passage dans The Voice à l'année prochaine ! Entre ta voix d'enfant à ta voix d'adulte plus grave, il y a un intermédiaire. Ça sonne un peu faux, c'est la mue.

Ta voix ressemble alors à un violon désaccordé parce que tes cordes vocales changent. Elles s'épaississent pour rendre ta voix plus grave.

La mue est plus forte chez les garçons que chez les filles, mais à l'adolescence tout le monde change de voix !

L'ACNÉE

Sûrement l'adversaire que tu redoutes le plus, non ? Ton corps entier change, forcément ta peau aussi. Il y a toujours un ou deux chanceux qui y échappent, mais la plupart se demandent : pourquoi autant de boutons ?

La faute au sébum (c'est la matière un peu grasse que tu sens sur ta peau ou dans tes cheveux) : excès de sébum = boutons.

"Je me lave le visage matin et soir à l'eau chaude avec un savon spécial visage ou de l'eau micellaire. Puis un petit peu de crème hydratante (ou crème de jour), parce que ça m'assèche la peau."
- Lison, 3e

Compris ? La prochaine fois que ta grand-mère essaie de les exploser, fuis. Ça t'évitera de finir couvert de cicatrices.

Si vraiment tes boutons te pourrissent la vie (ça te fait mal, ça te complexe, etc.), parles-en avec ton médecin, il existe d'autres solutions pour toi en dernier recours !

du dermato !

LE P'TIT CONSEIL

Ne perce pas tes boutons, le sébum se dispersera sous ta peau et créera une nouvelle imperfection.

I	C	W	S	C	T	P	N	S	I	K	I	H	D	W
R	O	Q	Y	Y	X	H	U	C	N	E	B	T	D	O
S	R	L	C	Q	T	P	D	B	V	O	D	Y	E	K
P	P	V	I	O	F	G	R	Q	E	S	T	U	R	B
D	S	B	Y	J	E	P	E	Y	A	R	Z	U	M	X
J	K	D	C	R	Z	S	T	W	B	J	T	O	O	I
K	T	E	S	T	O	S	T	É	R	O	N	E	F	B
I	S	A	J	P	V	O	Q	R	S	L	M	N	H	J
Q	X	C	S	X	N	O	Q	D	O	J	C	L	E	A
O	E	N	Z	T	B	P	X	X	R	G	L	I	O	P
E	S	E	B	U	M	F	C	X	M	V	E	L	C	S
I	I	V	I	S	M	U	E	A	W	W	R	N	K	N
X	O	D	G	R	W	J	Q	D	B	N	W	H	E	C
R	K	O	C	I	N	B	K	J	O	A	O	A	D	S
M	T	R	A	N	S	P	I	R	A	T	I	O	N	T

PUBERTÉ
CORPS
POIL
ACNÉ
MUE
BOUTONS
TRANSPIRATION
TESTOSTÉRONE
ŒSTROGÈNES
SÉBUM

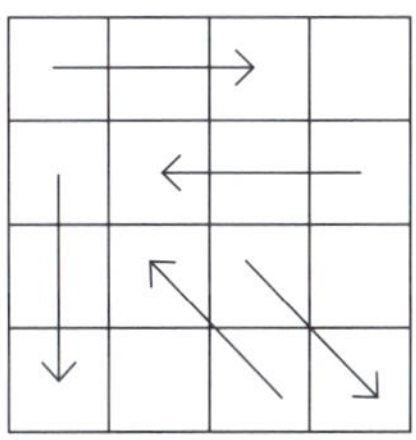

Les sens de lecture possibles pour trouver un mot

Mon corps n'est pas symétrique, c'est normal ?
- *Sonya, CM2*

Tu trouves ton corps un peu bizarre ? Il n'y a pas de raison de s'inquiéter. C'est normal !

Même si ton papa et ta maman ont fait de leur mieux… personne n'a un corps vraiment symétrique !

et c'est tant mieux !

Pourquoi tout le monde me parle d'hormones ?
- *Mathis, CM2*

Ce sont de petites molécules qui se baladent dans ton corps. Elles s'appellent testostérone (les garçons en ont beaucoup et les filles un peu moins) et œstrogènes (uniquement chez les filles). À l'adolescence, tu en produis plus qu'avant et elles transforment ton corps à l'adolescence.

LA TRANSPIRATION

Mauvaise nouvelle, avec l'adolescence tu transpires beaucoup plus. Pour se refroidir, ton corps évacue de l'eau, ça pue et ça s'appelle la transpiration. Ça tu savais.

Le déo est ton ami, mais commence par bien te frotter partout sous la douche, surtout sous les aisselles. Ensuite, tu peux mettre du déodorant, même s'il s'appelle Xtreme Fresh 72h, ne te prive pas de douche pendant 3 jours…

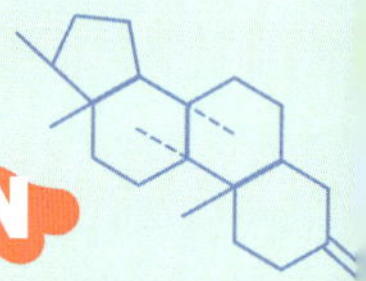

GARÇON

Au collège la testostérone (l'hormone des gros muscles) est multipliée par 50 : ce qui fait changer le corps, les poils…

FILLE

Les œstrogènes changent l'emplacement des graisses sur le corps et font apparaître la poitrine, les hanches, etc. Et la testostérone fait apparaître les poils.

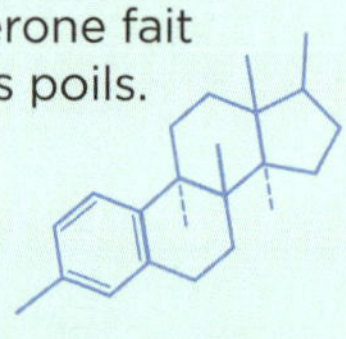

ALORS,
PREMIÈRE CHOSE À FAIRE
AVANT DE VOIR SI
TU PORTES BIEN LA MOUSTACHE,
PRENDRE UN MARQUEUR
EFFAÇABLE.
HEIN?...

LES VOYAGES SCOLAIRES

"C'EST À L'ARRIÈRE QU'ON CHANTE, QU'ON CHANTE, C'EST À L'ARRIÈRE QU'ON CHANTE LE PLUS FORT !!"

Si tu as besoin d'emporter une seule chose en voyage scolaire, c'est bien cette chanson ! Elle fera le bonheur des professeurs accompagnateurs et te permettra de mener une guerre sans limite contre "l'avant" du bus !

LES SORTIES SCOLAIRES

Elles sont organisées pour que tu puisses découvrir de nouveaux lieux et élargir tes connaissances. Visite de musées, sites historiques, séance de cinéma et parfois même… parc d'attractions.

On ne peut rien te promettre

Bref… tu ne vas pas t'ennuyer ! Profite de ces sorties pour poser plein de questions à tes profs, c'est l'occasion d'apprendre autrement !

"En 4e, je suis allée au Futuroscope avec toute ma classe en fin d'année ! C'était vraiment cool parce qu'on faisait ce qu'on voulait dans le parc toute la journée."

- Rafa, 3e

Est-ce qu'il y a des voyages au collège ? - *Lou, CM2*

C'est à ton professeur principal que tu dois demander ! Un voyage, c'est l'occasion de vivre une expérience inoubliable avec tes camarades. Pendant plusieurs jours, tu seras avec eux à la découverte d'une région de France ou à l'étranger.

Tu vas découvrir d'autres cultures, parler avec des étrangers dans leur langue et surtout beaucoup t'amuser. Tu dormiras avec tes copains dans un hôtel, un gîte ou directement chez un hôte qui habite sur place.

¡viva españa !

Welcome !

迎你好!

Guten Tag!

UTILE en voyage

- ☐ Un petit peu d'argent pour ramener un souvenir (n'en emporte pas trop, tu risquerais de le perdre)
- ☐ Un jeu de cartes pour jouer avec tes amis
- ☐ Vérifie si ton forfait 4G fonctionne gratuitement dans le pays que tu visites
- ☐ Un adaptateur de prise éléctrique

si tu vas au Royaume-Uni ou en Irlande

prises anglaises

On va où en voyage au collège ? - *Kim, CM2*

LE VOYAGE À ROME

Si tu as courageusement fait latin pendant trois ans, en 3e, tu seras peut-être récompensé par un voyage au pays des pizzas ! ciao !

"Je suis parti une semaine en voyage à Londres, je dormais dans la famille de mon correspondant, c'était vraiment génial !"

- *Jeanne, 3e*

UN CORRES' ALLEMAND

On a souvent un correspondant lorsqu'on suit le cours d'allemand au collège. C'est l'occasion de partir en échange dans sa famille ! Bretzel et Curry Wurst au programme !

LONDRES OU L'IRLANDE

À la fin de l'année, il se peut que ton professeur d'anglais organise un voyage pour vous permettre de pratiquer la langue.
Have a good trip !

Est-ce que je vais avoir un correspondant ? - *Léo, CM2*

Tu pourras avoir un correspondant, généralement dans le cadre des cours de langues étrangères.

C'est une super occasion pour t'entraîner en langue et pour te faire un nouvel ami à l'autre bout du monde ! Voici quelques conseils pour bien vivre cette expérience :

- ☐ Renseigne-toi sur ce qu'il aime
- ☐ Essaye de lui écrire régulèrement pour créer du lien
- ☐ Lorsqu'il vient te rendre visite, ne le laisse pas seul, organise des activités qui vont lui plaire pour qu'il découvre la France au mieux !

on s'amuse mieux quand on se connait

EUH OUI, EN EFFET,
J'AI BIEN MON CORRESPONDANT QUI ARRIVE AUJOURD'HUI.
COMMENT T'AS DEVINÉ ?

ASSUMER SES GOÛTS

"LE SECRET DU BONHEUR, C'EST DE VIVRE COMME TOUT LE MONDE EN N'ÉTANT COMME PERSONNE"

Simone de Beauvoir

Au collège, chacun essaie de comprendre qui il est et ce qu'il aime. Certains semblent y arriver mieux que d'autres. Pour la plupart des collégiens et des collégiennes, c'est plus compliqué d'assumer pleinement ses goûts. Plus facile à dire qu'à faire donc. Alors, comment se détacher petit à petit du regard des autres ?

Moi j'aime nager à contre courant !

APPREND À TE CONNAÎTRE

Sais-tu ce que tu aimes ? Et ce que tu n'aimes pas ? Plus tu connaîtras tes goûts, moins tu penseras à ce que les autres en pensent.

Tes proches apprécient ton originalité. Partage ce que tu aimes, ça vous rapproche !

Pas grave si ça ne te rend pas populaire

Comment savoir quelles sont tes passions ? Réfléchis à la chose qui t'a fait le plus plaisir récemment, tu as un bon indice !

SOUTENEZ VOUS ENTRE AMIS

Les bons amis sont une armure contre le regard des autres. Règle d'or du groupe : venez comme vous êtes.

Ensemble, vous êtes vous-mêmes et oubliez les regards extérieurs. D'ailleurs, dans le groupe, on ne se juge pas les uns les autres non plus .

"Pense à des grands que tu idéalises."

- *Alexandre, 3e*

On le fait tous !

Autour de toi, tu as peut-être une tante, un grand frère, une amie que tu adores parce qu'il ou elle assume ses goûts et la personne qu'elle est. Mamie Françoise n'a jamais honte de chanter à tue-tête quand l'envie lui prend.

Si tu l'admires autant, c'est parce qu'elle a choisi d'être elle-même sans laisser le regard des autres la transformer. Ne laisse pas le regard des autres te définir.

Ça la rend stylée non ?

FONCE… PAS À PAS !

Jette-toi à l'eau même si tu as peur : tout le monde craint le regard des autres. Notre astuce, c'est d'y aller petit à petit !

OUI D'ACCORD, C'EST TRÈS BIEN D'ASSUMER SES GOÛTS ET SES ENVIES,
MAIS J'ATTENDS UN PEU PLUS QU'UN PROFOND DÉGOÛT DES MATHÉMATIQUES POUR JUSTIFIER CETTE MOYENNE CATASTROPHIQUE.
AH.

GÉRER SON STRESS

"GARDE LES YEUX SUR LA LIGNE D'ARRIVÉE ET NON SUR L'AGITATION AUTOUR DE TOI"

Rihanna

Petit topo sur le stress : ce n'est pas forcément mauvais. C'est une réaction naturelle de ton corps face à une situation nouvelle ou difficile. C'est un super pouvoir qui te donne de l'énergie pour faire face aux défis, mais il faut apprendre à le contrôler.

Nous aussi on préférerait apprendre à lancer des toiles d'araignée...

Comment je fais pour moins stresser tous les jours ?
- Elisa, CM2

VÉRIFIE LES BASES

Manger équilibré, boire de l'eau, dormir suffisamment, prendre des pauses...
Ce sont des choses simples et elles sont super importantes pour gérer ton stress. N'oublie pas de sortir prendre l'air et de profiter de la nature.

Aérer ta chambre ne suffira pas...

TRANSFORME TON STRESS EN ACTIVITÉ PHYSIQUE

Tu te sens stressé ? Bouge !
Danse, sors te promener, joue au foot, fais du vélo... Bref, bouge ton corps, c'est un super remède contre le stress.

ORGANISE-TOI

Prépare à l'avance tes affaires, utilise un agenda pour ne pas oublier tes devoirs, prévois suffisamment de temps pour te préparer et te déplacer...
Prends les devants ! Si tu as le choix, sois en avance plutôt qu'en retard. Plus tu seras organisé, moins tu seras stressé.

LE P'TIT CONSEIL

Le 4-2-8 : facile à retenir ! Tu inspires pendant 4 secondes, tu gardes l'air dans tes poumons pendant 2 secondes et tu expires par la bouche pendant 8 secondes ! Tu sentiras tout de suite que ton stress s'apaise.

Qu'est-ce que je peux faire quand c'est la panique ?
- Simon, CM2

FAIS CE QUI TE PLAÎT

Regarde un film drôle, raconte des blagues, lis un livre que tu aimes, écoute de la musique... Fais des choses que tu aimes pour te détendre.

EXPRIME-TOI

Parler de ce qui te stresse peut vraiment t'aider à te libérer.
Tu peux en parler à tes amis, à ta famille ou même à ton médecin si tu te sens vraiment mal. Écris ce que tu ressens. L'important, c'est de ne pas garder ton stress pour toi.

RESPIRE

C'est tout simple, ça paraît même trop simple pour être vrai.
Lorsque tu es stressé, tous tes muscles se tendent, notamment ta cage thoracique. Alors, respire.

BON ALLEZ, AU BOULOT...
HISTOIRE GÉO

RELATIONS AVEC TES PARENTS

"Y'A DES COMBATS QUE TU PEUX PAS GAGNER, SURTOUT QUAND TU PAIES PAS LE LOYER."

Orelsan

Tu grandis vite, et ces changements sont rapides aussi pour tes parents. Parfois, tu auras l'impression que tu leur parles en français et qu'ils te répondent en chinois. Vous allez apprendre à apprivoiser cette nouvelle relation pour former une super team !

TU ME PARLES PAS COMME ÇA !!

CALMOS

Plus facile à dire qu'à faire ?
Vos discussions tournent souvent en grosse dispute et c'est celui qui crie le plus fort qui gagne.

Pourtant vous n'arriverez à rien sans en discuter calmement.
Alors respire un bon coup et dès que tu sens le ton monter, stoppe la conversation, propose d'en reparler plus tard.

ÉCOUTE AUSSI LEUR POINT DE VUE

Ils te diront : c'est pour ton bien !

Peut-être que leurs arguments ne sont pas tous si ridicules. Si si on te promet ! En faisant de ton mieux pour les comprendre, ça les incitera à faire de même. C'est la meilleure solution pour trouver un terrain d'entente !

N'oublie pas, ça arrive à tout le monde de se sentir incompris de temps en temps, surtout pendant l'adolescence.

PARTAGE DES ACTIVITÉS AVEC EUX

Il seront super contents (et toi aussi) de connaître tes passions et tes découvertes. Partage leur !

Petit défi : essaie de remplacer un non par jour par un oui. De belles surprises t'attendent. Ce qui compte, c'est que vous partagiez vos passe-temps pour renforcer votre relation. C'est la clé pour communiquer plus facilement.

DONNE-LEUR CONFIANCE EN TOI

On te conseille d'être toujours honnête avec eux. Pas facile à faire mais si tu ne leur caches rien, si tu assumes tes bêtises, ils te laisseront de plus en plus libre. La confiance se perd très vite et est longue à regagner.

Ce n'est pas une raison pour re-briser la fenêtre des voisins !

"Moi, quand ça ne va pas, j'écris sur une feuille pour leur expliquer clairement ce qui me tracasse."

- Marie, 4e

JE DOIS VOUS DIRE UN TRUC...

CHOISIS LE BON MOMENT

Tu auras plus de succès en abordant les choses lorsque tout le monde est détendu. Évite les moments de tension.

Par exemple, si le sujet n'est pas urgentissime, attends le week-end, ce sera plus cool qu'en rentrant d'une grosse journée de boulot qui vous a tous crevés.

CHERCHE UN INTERMÉDIAIRE

Si tu te sens gêné à l'idée d'aborder certains sujets avec tes parents (harcèlement, sexualité, histoire d'amitié...) n'hésite pas à demander l'aide à un proche.

Pense aux adultes avec qui tu te sens en confiance, ça peut être un oncle ou une tante, des amis de tes parents ou des cousins plus âgés. Ils sauront t'écouter.

LET'S GOOO

Alors, prends une grande respiration, et souviens-toi : tes parents et toi, vous êtes dans la même équipe, même si parfois, vous jouez à des postes différents.

"J'aime bien parler à mes parents quand on est dans la voiture, on regarde tous dans la même direction et c'est simple pour aborder les sujets stressants.

- Rose, 3e

FAIS CI...
FAIS ÇA...
PRENDS CI...
RANGE ÇA..
RRRRRAAAAAAAH
LAISSEZ-MOI VIVRE.
VLAM.
QU'EST-CE QUE TU LUI AS DIT ?
PASSE UNE BONNE JOURNÉE.

SOS CONTRÔLE

"MÊME LES MIRACLES PRENNENT UN PEU DE TEMPS"

Cendrillon

Rien de plus désagréable que de ne rien avoir révisé pour un contrôle. On ne peut évidemment pas te le recommander. Mais, si tu fais partie de ceux qui n'ont pas encore ouvert un seul cahier la veille de l'interro, nous n'allons pas te laisser tomber ! Quelques techniques de révision pour te sortir de ce mauvais pas !

7 ASTUCES pour des révisions last minute

1 SE CONCENTRER, UNE BONNE FOIS POUR TOUTES

Définis un temps de révision suffisant. Trouve un endroit calme où tu peux te concentrer sans être dérangé.

Éloigne les distractions telles que la télé, la musique, le téléphone portable ou l'ordinateur. Laisse tout dans une autre pièce.

c'est pas facile mais fais-le vraiment

2 REFAIS LES EXERCICES

Retrouve les énoncés des exercices faits en classe. Sans regarder la solution, essaie de refaire les exercices un à un, du plus facile au plus difficile.

"Dans le livre de maths, certains exercices de chaque chapitre sont corrigés à la fin du livre ! Ça permet de s'entraîner avant un contrôle."

- *Lison, 3e*

3 IDENTITFIE LES SUJETS ESSENTIELS

Parcours rapidement le contenu du cours et identifie les sujets les plus importants. Concentre-toi sur ceux-là en priorité. Ils ont le plus de chance de tomber au contrôle !

Tu peux même te corriger avec un stylo rouge

4 LIRE NE SUFFIT PAS !

Si tu n'as pas beaucoup de temps, tu dois être efficace. Et rien de moins efficace que de lire et relire le cours. Il faut que tu sois actif !

Donc, lis une première fois le cours attentivement. Puis ferme tes cahiers et essaie de réécrire tout ce que tu as retenu sur une feuille. Recommence jusqu'à ce que tu aies tout mémorisé.

5 RÉSUME LE COURS

Pour retenir, il faut comprendre. Et pour le comprendre, rien de mieux que d'écrire des petits résumés du cours. On sait que parfois un contrôle donne l'impression d'être une montagne infranchissable. Heureusement, tu ne joues pas ta vie, tu es là pour progresser.

6 INTERNET EST TON AMI

Si tu ne comprends rien à rien, cherche sur internet. Tu peux trouver des profs et des élèves qui te réexpliquent tout en vidéo. C'est l'idéal si tu pars vraiment de zéro.

rendez-vous au chapitre "youtubers pour réviser"

7 VA CHERCHER DE L'AIDE

Un grand frère, une grande sœur ? Peut-être que tes parents peuvent t'aider à réviser. Demande-leur de lire le cours rapidement puis de t'interroger. Rien de mieux que de répondre à des questions pour apprendre.

En bref, si tu appliques quelques-uns de ces conseils, tout devrait bien se passer ! Un dernier conseil pour la route : relis ton cours juste avant de dormir. Bonne nuit et bon courage pour demain !

LES RÉSEAUX

"LES RÉSEAUX C'EST PAS BIEN. JE L'AI LU SUR INSTAGRAM."

Bigflo et Oli

Instagram, pic et pic et colégram, quel réseau social découvriras-tu en premier ? Tu verras plein de choses : parfois hyper intéressantes ou amusantes, mais parfois bêtes et même choquantes... Alors que tu aies déjà un compte ou pas encore de téléphone, peu importe, on te donne plein d'astuces pour t'y retrouver.

LA LOI C'EST LA LOI

C'est pour ton bien !

La règle du jeu, c'est qu'il est interdit de créer un compte sur un réseau social avant 13 ans (Whatsapp c'est même 16 ans).

PUBLICITÉ ET OPÉRATION SPONSORISÉE (OP)

Les réseaux sociaux sont en fait... des grosses agences de pub ! Tes influenceurs préférés partagent un mode de vie rêvé pour mettre en avant certaines marques. Les vidéos, stories et posts que tu regardes sont en fait des super spots publicitaires.

Le but ? Te donner l'impression qu'il te faut absolument la même coque RhinoShield que les influenceurs.

ACCRO AUX RÉSEAUX

C'est normal, ils sont conçus pour que tu n'aies jamais envie de partir. Des centaines d'ingénieurs de YouTube, Tiktok et Insta travaillent tous les jours pour faire en sorte que tu restes le plus longtemps possible sur l'appli !

Pour te protéger, ne dépasse pas 30 minutes par jour sur les réseaux !

On t'a trouvé une super série sur ce sujet à regarder juste ici

FAKE NEWS

Tiktok, Snap, Instagram... permettent tous de suivre l'actualité, mais les infos ne sont pas toujours vraies. Il ne faut pas croire tout ce qu'on lit ! Les astuces pour séparer le vrai du faux :

- ☐ **VÉRIFIER LA SOURCE :** Quel site ? Qui a écrit l'information ? Est-ce que je peux lui faire confiance ?
- ☐ **CONFIRMER L'INFORMATION AVEC DES SOURCES OFFICIELLES :** Recherche sur des sites de l'État, des journaux, etc.
- ☐ **VÉRIFIE MÊME LES PHOTOS ET LES VIDÉOS :** Elles peuvent être des montages très réalistes.

LES RÈGLES D'OR POUR BIEN PROTÉGER ton compte

mets un faux nom

- ☐ Cacher tes informations personnelles : numéro de téléphone, nom de famille...
- ☐ Bloquer les personnes bizarres *(ça sert à ça de bloquer !)*
- ☐ Passer ton compte en privé
- ☐ Ne pas accepter les demandes d'inconnus
- ☐ Désactiver la localisation
- ☐ Te demander si une photo ou une vidéo peut être utilisée pour se moquer de toi avant de la publier

demande-toi si tu aimerais que tes parents la voient...

LE P'TIT CONSEIL

Lorsque tu postes sur les réseaux sociaux, demande-toi toujours si tu aimerais qu'on te parle de cette façon.

CYBER-HARCÈLEMENT

Le harcèlement existe malheureusement aussi en dehors de la cour de récré. Il peut commencer ou continuer sur les réseaux sociaux.

Le cyberharcèlement, c'est lorsque quelqu'un publie à répétition sur internet, envoie des messages moqueurs, des photos, des rumeurs sur un camarade...

Si tu tombes sur ce genre de contenu quand tu scrolles, ne participe pas : ni commentaire, ni repost, rien du tout. Par contre, signale la publication. Parles-en absolument à tes parents ou à un adulte.

"Avant de poster sur les réseaux sociaux, je me demande toujours si je pourrais dire la même chose si j'étais devant la personne."

- *Jean, 3ᵉ*

"J'essaie de ne jamais poster quelque chose que je pourrais regretter plus tard."

- *Sacha, 4ᵉ*

APPELLE LE 3018

Si tu n'as pas la chance d'avoir une personne de confiance sous la main, appelle le 3018, c'est un numéro gratuit pour t'aider contre le cyberharcèlement. On te promet, ils sont très accueillants et ont l'habitude de ces situations.

JE SUIS VICTIME DE CYBER-HARCÈLEMENT

Ne réponds pas dans l'espace commentaire et ne va pas t'adresser en privé à ton agresseur. Fais une capture d'écran (pour garder des preuves), signale immédiatement la publication, bloque ton harceleur puis ferme l'application. Ensuite, informe en tes parents ou un adulte de confiance, ils t'aideront pour aller porter plainte (le cyberharcèlement est puni par la loi).

"Le plus important pour moi, c'est déjà de ne pas participer lorsque des gens créent des groupes sur les réseaux pour se moquer de quelqu'un au collège."

- *Lise, 4ᵉ*

ENFIN MAMAN, JA-MAIS J'AURAIS OSÉ M'INSCRIRE SUR LES RÉSEAUX SOCIAUX SANS TON AUTORISATIOOOOOOHH...
U... UNE JUMELLE CACHÉE !

CONFIANCE EN SOI

"IL EN FAUT PEU POUR ÊTRE HEUREUX."

Baloo

Crois toujours en toi ! Chacun de nous est spécial à sa manière. Tout le monde a besoin de temps pour gagner en confiance. Même ceux qui semblent très forts ont dû apprendre. Toi aussi, tu vas y arriver, petit à petit.

Comment faire pour avoir confiance en soi ?
- Eddy, CM2

PRENDS CONSCIENCE DE TES PROGRÈS

Plutôt que de te comparer seulement aux autres, regarde le chemin que tu as toi-même parcouru !

SOIS MOINS EXIGEANT ENVERS TOI MÊME

Avance petit à petit plutôt qu'en perdant courage avec une marche trop élevée.

Petit défi : avant de t'endormir remémore-toi 2 ou 3 compliments qu'on t'a fait dans la journée

N'AIES PAS PEUR DE DÉVOILER TES TALENTS CACHÉS

La confiance se gagne aussi en montrant ses forces. Rien de tel que de le faire dans ton élément. Épanouis-toi dans ce qui te plaît vraiment, ne cherche pas à le cacher.

"J'ai appris à écouter et accepter les compliments. On nous en fait plus qu'on ne le pense, et à chaque fois ça fait chaud au cœur"

- Lisa, 6e

VAINCRE SA timidité

NIVEAU 1

Pose une question en classe.

NIVEAU 2

Lors d'un exposé, quand ton prof demande qui veut passer en premier : propose-toi, de toute façon, il faudra bien y aller !

Tu seras tellement fier de toi

NIVEAU 3

Commence une discussion avec la personne qui te sert à manger au self : "Vous allez bien aujourd'hui ?"

NIVEAU 4

Demande à un élève que tu ne connais pas dans le car scolaire si tu peux te mettre à côté de lui et commence une discussion. Demande lui en quelle classe il est, quelle musique il écoute, quelle vidéo il regarde...
À toi de jouer !

NIVEAU 5

Va déjeuner au self avec des élèves que tu ne connais pas très bien.

LES COMPLEXES

Ton corps change. D'un coup. Et très vite.

À toujours garder dans un coin de sa tête : nous sommes les seuls à voir nos propres complexes. Être trop petit, trop grand, avoir un nez trop long, de l'acné... en réalité personne n'y fait vraiment attention. Chacun est bien trop occupé à penser à son propre corps pour se questionner sur celui des autres.

Voilà ce qui se passe dans ta tête lorsque tu complexes : tu exagères ce que tu considères comme tes défauts, tu les vois beaucoup plus gros qu'ils ne sont réellement.

Tu as peut être tendance à comparer ton corps avec ceux que tu vois sur les réseaux sociaux. Il ne faut pas croire tout ce que tu vois sur les réseaux.

Ce sont tes différences qui te rendent beau ou belle

Mais pourquoi on dit tout le temps qu'il ne faut pas croire ou se comparer aux réseaux sociaux ?

- Medhi, CM2

Le photographe manipule l'image. Il choisit le cadre pour avantager chaque mannequin : ni trop grand, ni trop petit. Il positionne même la lumière pour embellir les formes et les muscles. Personne n'est musclé comme Superman dans la vraie vie...

QUELQUES SECRETS DE TOURNAGE

☐ Les mannequins (hommes et femmes) sont maquillés pour avoir une peau toujours parfaite !

☐ La photo est souvent modifiée avec Photoshop.

C'est marqué parfois en petit sous les publicités

☐ Les mannequins ont une alimentation spécifique, parfois dangereuse pour leur santé.

☐ Le corps peut avoir été modifié par la chirurgie esthétique (comme toute opération, c'est risqué !)

Donc, les réseaux, les films, les magazines, c'est avant tout beaucoup de technique. Rien n'est laissé au hasard pour faire de (trop) belles images. Une chose est sûre, ce n'est pas la vraie vie, alors ne culpabilise pas en t'y comparant.

TU, JE, EUH...
BON.
ON A CONFIANCE EN NOUS.
OK ?

PASSAGE EN 5E

"ON PEUT PANIQUER MAINTENANT ?"

Ron Weasley

Tu tiens le coup ? Tu vas devenir incollable avant même d'avoir passé les portes du collège (toujours pas de raison de paniquer). Aller hop, on passe la 5e !

Mais c'est quoi le conseil de classe ? - *Manon, CM2*

Le conseil de classe se réunit trois fois par an, à la fin de chaque trimestre. Il y a presque toute l'équipe pédagogique : tes profs, les délégués parents et enfants et la plupart du temps le Principal.

Ce n'est pas du tout un grand tribunal ! Au contraire, c'est un moment plutôt sympa où ils sont contents de se retrouver pour parler de toi et de tes camarades.

Ils discutent pendant plus d'une heure de chaque élève, sa progression, son comportement et ses résultats pour l'aider à s'améliorer.

Pour pouvoir y participer, n'hésite pas à te présenter comme délégué !

"Après les conseils de classe, je recevais des messages de tout le monde. Ils voulaient tous savoir ce que les profs avaient dit sur eux. C'est aussi ça le rôle de la déléguée."

- Maeva, 3e

LE PTIT CONSEIL

Si tu es d'un naturel plutôt agité, force-toi à rester calme la semaine qui précède. Tes profs remarqueront tes efforts.

C'est quoi un bulletin de notes ?

- Simon, CM2

Le bulletin de notes résume tes résultats et appréciations pour chaque matière. Il est transmis à tes parents à chaque fin de trimestre. Généralement, pas trop de surprises, tu sais à l'avance ce que tes profs pensent et ce qu'il faudra que tu améliores.

Lis bien les appréciations, elles sont précieuses pour progresser.

MATIÈRES	Moyenne Élève	Moyenne Clas.	APPRÉCIATIONS
MME TOURDUMONDE Histoire	12,5	14,7	Élève investi, continuez ainsi !
MME LAROUSSE Français	8,3	10,0	Bravo pour les efforts en dictée.
M. ÉQUERRE Mathématiques	13,0	11,7	Que signifie + = + ?
M. BISCOTO EPS	17,0	12,0	Très appliqué !
MR BOND Anglais	14,0	12,0	Congratulations !
MME LABO Sciences et Technologies	6,1	12,5	A fait exploser la salle de classe en cours de chimie. Dois prendre moins d'initiatives.
Moyennes générales	11,02	11,03	

Aucune absence - Aucun retard

Chaque matière est notée séparemment, chaque prof a son mot à dire

Ta moyenne générale dans chaque matière, ainsi que la moyenne de la classe est indiquée afin que tu puisses te situer !

Chaque absence et retard sont relevés et ils apparaîtront dans le bulletin !

PRONOTE, UN OUTIL POUR SUIVRE TA SCOLARITÉ EN LIGNE

Chaque collège possède une plateforme en ligne. En général, elle s'appelle Pronote ou EcoleDirecte. Tu peux voir tes notes, tes devoirs, communiquer avec tes profs. C'est comme le réseau social du collège mais en moins fun que TikTok.

Note ton identifiant et un mot de passe pour ne pas les perdre

Qui va décider si je passe en 5e ?

- Justine, CM2

Lors du dernier conseil de classe de l'année, tes professeurs et le Principal du collège vont décider de te faire passer en 5e ou de te faire redoubler.

ils te préviennent pendant l'année s'ils remarquent que tu rencontres des difficultés

Pronostic
de tes moyennes !

1e trimestre: ....

2e trimestre: ....

3e trimestre: ....

EN BREF

Pour pouvoir aller en 5e, il faut montrer que tu as acquis les compétences nécessaires en 6e. En deux mots, on attend de toi que tu aies des moyennes supérieures environ à 12/20 et que tu n'aies pas été trop dissipé pendant l'année.

tu vas y arriver !

10 FÉLICITATIONS, 13 COMPLIMENTS, 11 ENCOURAGEMENTS...
MMH... ÇA CACHE UN TRUC.
RESTONS VIGILANTS.

LE RÉSUMÉ DU COLLÈGE

L'essentiel de ce que tu vas apprendre de la 6e à la 3e !

6e

MATHS

exercice

Calculer :
13 x 3 + 7 x 13 =

(En plus de ça, tu vas apprendre beaucoup beaucoup de géométrie)

HISTOIRE-GÉO

histoire

- ☐ Le début de l'humanité
- ☐ La première démocratie : les citées grecques (-1000 à 0)
- ☐ L'empire romain dans le monde antique (0 à 476)
- ☐ Les différents types d'habitats géographiques

géo

FRANÇAIS

- ☐ Les fables
- ☐ Les contes
- ☐ L'Odyssée, les légendes et la mythologie

5e

MATHS

Simplifier :
11/9 - 1/3 =

exercice

FRANÇAIS

- ☐ Roman de chevalerie et héros mythologiques
- ☐ Récit de voyage
- ☐ Vision poétique

HISTOIRE-GÉO

histoire

- ☐ Chrétienté et Islam (VIe au VIIIe siècle)
- ☐ Société, église et pouvoir politique dans l'occident féodal (IXe au XVe siècle)
- ☐ Transformation de l'Europe et ouverture sur le monde (XVIe et XVIIe siècle)

géo

3e

FRANÇAIS

- Autobiographie et autoportrait
- La satire et l'art pour dénoncer
- La vision poétique sur le monde

4e

MATHS

exercice

Résoudre :
$5x - 7 = 0$

....
....
....
....
....

Et aussi le fameux théorème de Pythagore !
$\sqrt{49}$ = ... ?

HISTOIRE-GÉO

histoire

- L'Europe un lieu de Grande Guerre (1914-1945)
- Le monde depuis 1945
- Une nouvelle république pour les Français
- La France et l'Union Européenne

géo

HISTOIRE-GÉO

histoire

- Expansions lumières et révolutions (XVIIIe siècle)
- L'Europe et le monde au XIXe siècle
- Société et Culture en France au XIXe siècle
- La mondialisation

géo

MATHS

exercice

Résoudre :
$(2,5x - 7)(8x - 9,6) = 0$

....
....
....
....
....
....

FRANÇAIS

- La nouvelle fantastique
- Le roman réaliste et naturaliste
- Le théâtre (Tragédie, Drame, Comédie)
- La presse, les médias, le journalisme et la propagande !

CHERS PARENTS

Hey, montre cette page
à tes parents, ils vont adorer.

Chers Parents,

Voilà votre enfant équipé pour sa rentrée en 6ème ! Mais vous, qui vous accompagne dans votre rôle de parent de collégien ?

Hier encore, ils vous tenaient la main pour traverser la rue, aujourd'hui, ils franchissent les portes de l'adolescence dans un monde si différent de celui dans lequel vous avez grandi.

Alors :

Si vous essayez (en vain) de les détacher de leurs écrans, #faispascifaispasça

Si vous vous demandez comment aborder les sujets sensibles sans créer de barrières,

Si vous vous sentez parfois seul(e) face à tout cela...

Nous vous avons créé un espace spécialement dédié, gratuit et confidentiel. Pour les parents de 6ème, par les parents de 6ème. Venez en parler avec nous, et entre vous.

Une première fiche, *"Cours de Négociation Avancée de l'heure du coucher"* vous y attend !

À tout de suite,
Charles de Génépi Éditions

Rejoignez-nous !

fiches pratiques et astuces

par les parents, pour les parents

100% gratuit

REMERCIEMENTS

Nous tenons à remercier très chaleureusement celles et ceux qui nous ont aidés dans la réalisation de ce livre :

L'association Espérance Banlieues pour leur partage d'expérience absolument essentiel, et pour le travail qu'ils fournissent chaque jour auprès des jeunes.

Nos relectrices acharnées Marion, Anna, Marie, Sylvie, Claire et Quitterie pour leur honnêteté lorsqu'il s'agissait de nous faire comprendre que nos blagues n'étaient pas toujours à se rouler par terre, ou qu'il fallait mettre un "s" après la deuxième personne du singulier.

Vincente pour nous avoir permis de nous replonger dans nos souvenirs d'enfance et dans la folie d'une cours de récréation.

Leïa et Emma, pour le travail acharné au graphisme, jusque dans les dernières minutes de mise en page.

Tiphaine pour la BD, qui a su donner du sens à nos astuces, en faisant de ce livre un guide interactif et vivant et qui incarne l'énergie du projet que vous tenez entre les mains.

Simon, Louison et Rose, dont l'expertise de la vie de deux CM2 et d'une 2nde a été essentielle !

Matis, Nohan, Ilona, Anton, Nélia, Julie, Shaïna, Joachim, Anatole, Kiara, Ilhan, Niels,
Aaliyah, Maud, Octave, Emna, Manoa, Fleur, Célestin, Layna, Luce, Clotilde, Loréna, Izïa,
Diego, Ibrahim, Maïssa, Youssef, Zacharie, Safiya, Eléana, Agathe, Adrien, Mila, Adèle,
Laura, Pierre, Ismaël, Titouan, Ambre, Victor, Lana, Esteban, Maé, Diane, Maéline, Loha
Côme, Rémi, Louisa, Nora, Sami, Milàn, Bilal, Gaël, Issa, Anis, Asma, Elliot, Axelle, Céleste,
Ana, Ylan, Ugo, Paolo, Esther, Sam, Leïna, Assya, Hector, Enes, Luc, Yoann, Florent, Péné
nse, Elyas, Ilana, Grégory, Imène, Olivier, Coralie, Louison, Vadim, Emma, Tina, Rosalie,
hile, Noé, Evan, Louna, Romane, Ambre, Maxence, Anaïs, Liam, Alexandre, Jeanne, Cléme
Victor, Lou, Martin, Simon, Samuel, Charlotte, Inaya, Rose, Esteban, Kylian, Océane, Marg
Noham, Faustine, Ayoub, William, Antonin, Salomé, Eléa, Julien, Timothée, Soan, Apolline,
Lucas, Nathan, Emma, Léo, Louis, Gabriel, Ethan, Chloé, Hugo, Enzo, Inès, Léa, Louise,
Raphaël, Adam, Jade, Arthur, Lola, Timéo, Nolan, Théo, Camille, Mathis, Maël, Tom, Lina,
Sarah, Paul, Clément, Sacha, Mathéo, Noah, Lilou, Yanis, Maxime, Maëlys, Thomas, Axel,
ste, Clara, Mohamed, Juliette, Gabin, Evan, Cameron, Lubin, Keylan, Yüna, Nawel, Livio, So
Matis, Nohan, Ilona, Anton, Nélia, Julie, Shaïna, Joachim, Anatole, Kiara, Ilhan, Niels,
Aaliyah, Maud, Octave, Emna, Manoa, Fleur, Célestin, Layna, Luce, Clotilde, Loréna, Izïa,
Diego, Ibrahim, Maïssa, Youssef, Zacharie, Safiya, Eléana, Agathe, Adrien, Mila, Adèle,
Laura, Pierre, Ismaël, Titouan, Ambre, Victor, Lana, Esteban, Maé, Diane, Maéline, Loha
Côme, Rémi, Louisa, Nora, Sami, Milàn, Bilal, Gaël, Issa, Anis, Asma, Elliot, Axelle, Céleste,
Ana, Ylan, Ugo, Paolo, Esther, Sam, Leïna, Assya, Hector, Enes, Luc, Yoann, Florent, Péné
nse, Elyas, Ilana, Grégory, Imène, Olivier, Coralie, Louison, Vadim, Emma, Tina, Rosalie,
hile, Noé, Evan, Louna, Romane, Ambre, Maxence, Anaïs, Liam, Alexandre, Jeanne, Cléme
Victor, Lou, Martin, Simon, Sa… e, Esteban, Kylian, Océane, Marg

Un grand merci pour votre aide

Noham, Faustine, Ayoub, Wil… Julien, Timothée, Soan, Apolline,
Emma, Léna, Lina, Nathan, … é, Louis, Léa, Raphaël, Léna, Eva,
Maxime, Inès, Adam, Lucas, … Sarah, Emma, Tom, Sacha, Noah,
éa, Emma, Nathan, Hugo, Chloé, Lina, Louis, Zoé, Manon, Théo, Emma, Maxime, Raphaël,
Mia, Inès, Lina, Sacha, Lucas, Lola, Tom, Léna, Timéo, Hugo, Emma, Léo, Anaïs, Jade, Lil
Léna, Nathan, Louis, Théo, Zoé, Adam, Maxime, Raphaël, Emma, Eva, Lina, Sarah, Maël,
ola, Sacha, Inès, Léa, Emma, Lucas, Louis, Manon, Théo, Chloé, Ethan, Raphaël, Léo, Hug
Camille, Mathis, Maël, Tom, Lina, Zoé, Léna, Sarah. Lucas, Nathan, Emma, Léo, Louis, Gab
Hugo, Enzo, Inès, Léa, Louise, Manon, Jules, Raphaël, Adam, Jade, Arthur, Lola, Timéo,
Camille, Mathis, Maël, Tom, Lina, Zoé, Léna, Sarah, Paul, Clément, Sacha, Mathéo, Noah,
ne, Maëlys, Thomas, Axel, Alice, Eva, Baptiste, Clara, Mohamed, Juliette, Gabin, Evan, Cam
Keylan, Yüna, Nawel, Livio, Souleymane, Louca, Matis, Nohan, Ilona, Anton, Nélia, Julie,
im, Anatole, Kiara, Ilhan, Niels, Perrine, Iyad, Aaliyah, Maud, Octave, Emna, Manoa, Fleu
Luce, Clotilde, Loréna, Izïa, Oscar, Dylan, Diego, Ibrahim, Maïssa, Youssef, Zacharie, Safi
e, Adrien, Mila, Adèle, Marius, Amine, Laura, Pierre, Ismaël, Titouan, Ambre, Victor, Lana,
Diane, Maéline, Lohan, Hanaé, Tess, Côme, Rémi, Louisa, Nora, Sami, Milàn, Bilal, Gaël, Iss
Elliot, Axelle, Céleste, Achille, Solène, Ana, Ylan, Ugo, Paolo, Esther, Sam, Leïna, Assya, H
Luc, Yoann, Florent, Pénélope, Hortense, Elyas, Ilana, Grégory, Imène, Olivier, Coralie, Lou
Emma, Tina, Rosalie, Oriane, Théophile, Noé, Evan, Louna, Romane, Ambre, Maxence, An
ndre, Jeanne, Clémence, Alexis, Noa, Victor, Lou, Martin, Simon, Samuel, Charlotte, Inaya,
n, Kylian, Océane, Margot, Ilyès, Youn, Noham, Faustine, Ayoub, William, Antonin, Salom
Timothée, Soan, Apolline, Nicolas, Maya, Lucas, Nathan, Emma, Léo, Louis, Gabriel, Etha
Enzo, Inès, Léa, Louise, Manon, Jules, Raphaël, Adam, Jade, Arthur, Lola, Timéo, Nolan,
e, Mathis, Maël, Tom, Lina, Zoé, Léna, Sarah, Paul, Clément, Sacha, Mathéo, Noah, Lilou,
ne, Maëlys, Thomas, Axel, Alice, Eva, Baptiste, Clara, Mohamed, Juliette, Gabin, Evan, Cam
Keylan, Yüna, Nawel, Livio, Souleymane, Louca, Matis, Nohan, Ilona, Anton, Nélia, Julie,
im, Anatole, Kiara, Ilhan, Niels, Perrine, Iyad, Aaliyah, Maud, Octave, Emna, Manoa, Fleu
Luce, Clotilde, Loréna, Izïa, Oscar, Dylan, Diego, Ibrahim, Maïssa, Youssef, Zacharie, Safi
e, Adrien, Mila, Adèle, Marius, Amine, Laura, Pierre, Ismaël, Titouan, Ambre, Victor, Lana,
Diane, Maéline, Lohan, Hanaé, Tess, Côme, Rémi, Louisa, Nora, Sami, Milàn, Bilal, … Iss
Elliot, Axelle, Céleste, Achille, Solène, Ana, Ylan, Ugo, Paolo, Esther, Sam, Leïna, …a, H
Luc, Yoann, Florent, Pénélope, Hortense, Elyas, Ilana, Grégory, Imène, Olivier, Coralie, Lou

NOUS CONTACTER

Vous avez apprécié **BON JOÜR** et vous souhaitez l'offrir ?

Nous travaillons sur des commandes de lots et sur des éditions personnalisées avec des mairies, collectivités ou entreprises.

N'hésitez pas à nous contacter à l'adresse
bonjour@genepi-editions.com
pour toute demande d'information !

Vous pouvez aussi nous rendre visite sur notre site
genepi-editions.com
ou sur nos réseaux sociaux :

@GENEPI_EDITIONS

@GÉNÉPI ÉDITIONS

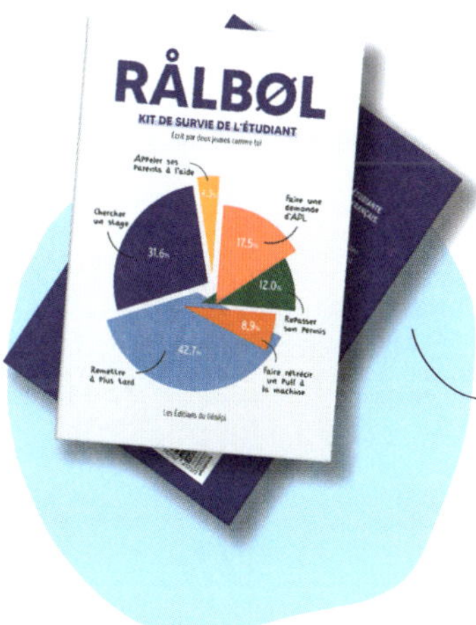

Découvrez aussi RÅLBØL !
Notre bestseller qui accompagne déjà 25 000 étudiants !

- ☐ Vie étudiante
- ☐ Démarches administratives
- ☐ Premier appartement
- ☐ ...

Directeur : Arthur Presse

Graphisme et mise en page : Leïa Bessad et Emma Luu Duc

Illustration - Bande Dessinée : Tiphaine de Cointet

Textes : Arthur Presse et Adam Pichon

Suivi éditorial :
Joseph Reinhart et Charles Reinhart

IMPRIM'VERT®

Les Éditions du Génépi
13 rue de Chezy
92200 Neuilly sur Seine

loi n°49-956 du 16 juillet 1949
sur les publications destinées à la jeunesse

Dépôt légal : Novembre 2023
Réimpression : Mai 2024

Imprimé en France
ISBN : 978-2-494572-02-7

Achevé d'imprimer en mai 2024 sur les presses de la SEPEC
Numéro d'impression : 30007240401

PEFC
10-31-1470
Certifié PEFC
Ce produit est issu de forêts gérées durablement et de sources contrôlées
www.pefc-france.org

SOUVENIRS DE CM2

Demande à tes amis de laisser un mot ou dessin pour se souvenir de votre année ensemble !